Für:

Von:

MIX
Aus verantwortungs-
vollen Quellen
FSC® C022120

Mineralöl
freie
Druckfarbe

5 4 3 2 1   27 26 25 24 23

ISBN 978-3-649-64473-6
© 2023 Coppenrath Verlag GmbH & Co. KG,
Hafenweg 30, 48155 Münster, Germany
Illustrationen: © 2023 Marjolein Bastin
Mit Dank an Mischa Bastin
Text: © 2023 Stefanie Zysk
Walt Whitman, Stunden für die Seele und
Ralph Waldo Emerson, Von der Schönheit der Natur
Aus dem Englischen von Kristina Schaefer
Umschlaggestaltung: Grafikteam Coppenrath und Die Spiegelburg
Grafische Gestaltung: Stefanie Bartsch
Redaktion: Mareike Bartholomäus, www.hafentexterei.de

Printed in Slovakia

www.coppenrath.de

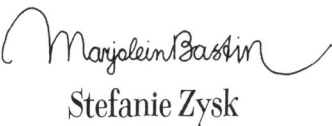

Marjolein Bastin
Stefanie Zysk

Schmetterling, Hummel und Maikäfer

Die schillernde Welt unserer heimischen Insekten

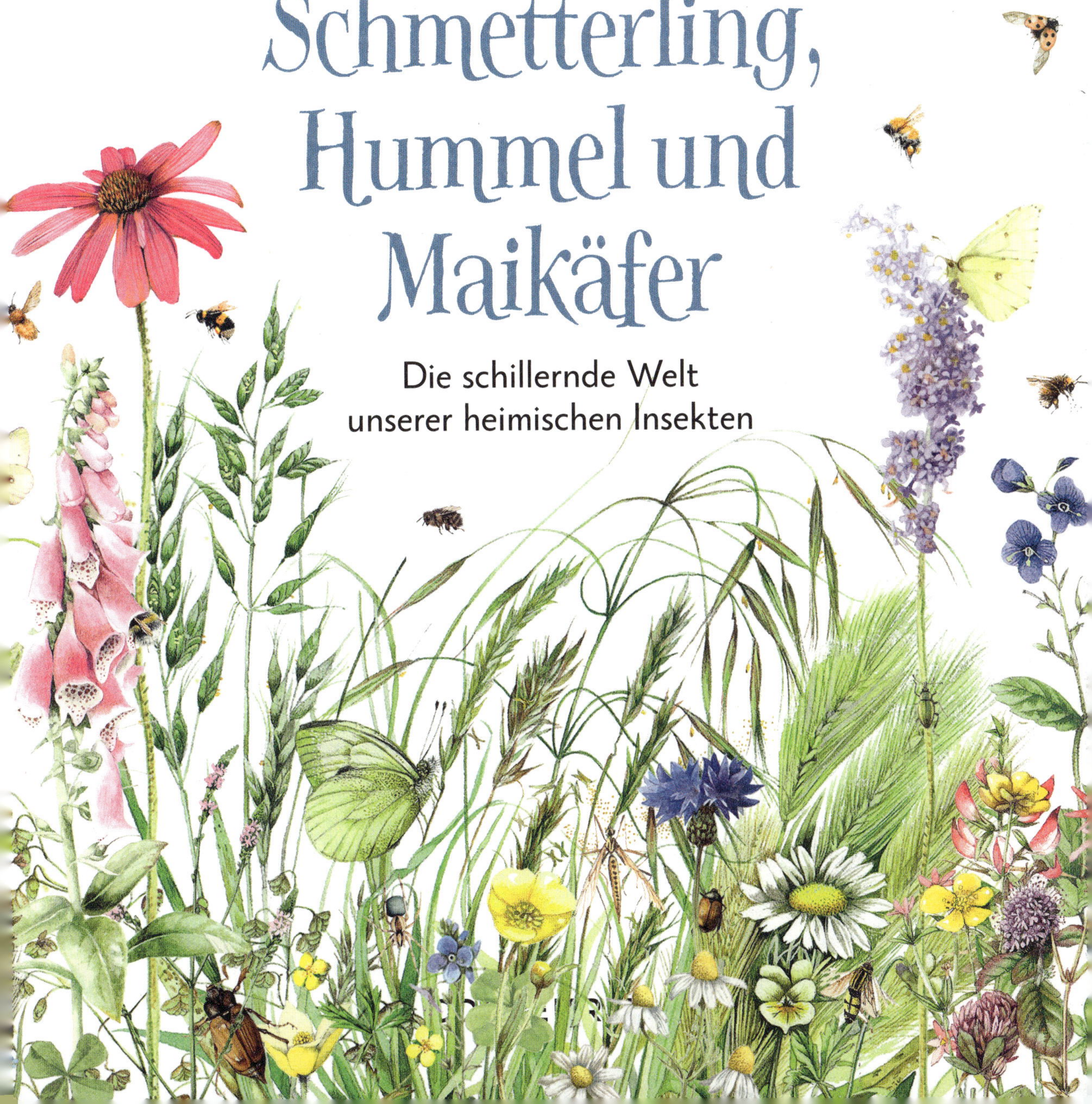

INHALT

Was man liebt,
das schützt man.
Und man liebt nur das,
was man kennt.

MB

7

ES SUMMT
und brummt

DIE HONIGBIENE *(APIS)*
DAS FLEISSIGE BIENCHEN

Der Frühling ist da! Es summt und brummt überall in der Luft. Die fleißige Honigbiene fliegt von Blüte zu Blüte, um Nektar und Pollen zu sammeln. Der Nektar wird im Honigmagen, der Pollen in den sogenannten Körbchen an den Hinterbeinen zum Bienenstock gebracht. Hier lebt ein ganzes Volk zusammen, das im Sommer eine Zahl von etwa 60 000 Tieren erreichen kann.

Damit im Bienenstaat kein Chaos ausbricht, hat jede Biene eine ganz bestimmte Aufgabe zu erfüllen. Die meisten Bienen in einem Volk sind weibliche Arbeitsbienen. Sie haben - je nach Alter - verschiedene Tätigkeiten. Das Füttern der Larven und der Königin, das Bauen der Waben, das Sammeln von Nahrung, aber auch Wachdienste am Eingang des Bienenstocks gehören dazu.

Die männlichen Bienen, die Drohnen, sind mit einigen hundert Tieren deutlich in der Unterzahl. Sie haben nur eine einzige Aufgabe im Leben, nämlich die Königinnen zu begatten. Nach dem Hochzeitsflug sterben die Drohnen oder werden aus dem Stock verjagt.

Die Mutter des ganzen Bienenstaates ist die Königin. Es gibt nur eine einzige in jedem Volk. Sie ist größer als die anderen Bienen und widmet sich den ganzen Tag ihrer Hauptaufgabe, der Eiablage. Bis zu 2000 Eier kann die Königin an einem Tag legen. So sorgt sie für den Fortbestand ihres Volkes.

Bienentanz

Mit dem Rund- und dem Schwänzeltanz geben Bienen Informationen über Nahrungsquellen an ihre Stockgenossinnen weiter. Mithilfe dieser Tanzsprache können sie ausdrücken, welche Nahrung sie gefunden haben und wie weit entfernt sie zu finden ist.

Gelée royale

Nur die Bienen, die von den Arbeiterinnen mit einem speziellen Saft, dem Gelée royale, gefüttert werden, entwickeln sich zu Königinnen. Alle anderen werden ganz normale Arbeitsbienen.

WILDBIENEN - DIE SUPERBESTÄUBER

Wenn wir an Bienen denken, fällt uns zuallererst die Honigbiene ein. Für Imker und die Honiggewinnung hat sie natürlich einen hohen Stellenwert. Bei der Blütenbestäubung arbeitet die wild lebende Verwandtschaft allerdings viel effektiver. Wildbienen sind daher für unsere Natur von viel größerer Bedeutung. Deshalb sollten wir ihnen mehr Aufmerksamkeit schenken.

KLEINE WILDBIENEN-ARTENKUNDE

DIE GLOCKENBLUMEN-SCHERENBIENE (CHELOSTOMA RAPUNCULI)

Die Glockenblumen-Scherenbiene hat sich - wie ihr Name schon sagt - auf Glockenblumen spezialisiert. Sie findet in den Blüten nicht nur Pollen und Nektar, sondern nutzt sie auch als Schlafplatz. Bei Regen bietet ihr die Blume ein trockenes Plätzchen. Dort kann sie tagelang ausharren, denn an leckerem Nektar und Pollen mangelt es in ihrem Unterschlupf glücklicherweise nicht.

DIE ZWEIFARBIGE SCHNECKENHAUS-MAUERBIENE (OSMIA BICOLOR)

Die Zweifarbige Schneckenhaus-Mauerbiene sucht für ihre Brut ein ganz besonderes Plätzchen. Das begattete Weibchen legt ihre Eier nämlich in verlassene Schneckenhäuser. Diese dreht sie mit der Öffnung schräg nach unten, bevor sie Nektar und Pollen als Proviant hineinträgt und ihre Eier ablegt. Jede Brutzelle wird durch eine Trennwand aus zerkautem Pflanzenbrei abgetrennt. Zum Schluss wird das Schneckenhaus mit Sand und kleinen Steinchen aufgefüllt und mit Pflanzenmaterialien getarnt.

DIE GARTEN-WOLLBIENE (ANTHIDIUM MANICATUM)

Obwohl die Garten-Wollbiene etwas pummelig erscheint, kann sie blitzschnell fliegen und im Schwirrflug in der Luft stehen bleiben - ähnlich wie ein Kolibri. Die Eier legt das Weibchen in kleine Hohlräume zwischen Steinen oder in Holzspalten ab. Damit es der Nachwuchs schön kuschelig hat, polstert sie die Brutzellen mit Pflanzenhaaren aus.

Chelostoma rapunculi

Anthidium
manicatum

Osmia bicolor

MB

Fritillaria michailovskyi

Narcissus bulbocodium cyclamineus

Balkonpflanzen für Bienen

Nicht jeder besitzt einen eigenen Garten, aber auch ein mit Bedacht bepflanzter Balkon kann Bienen ein wahres Festessen bieten. Lavendel, Salbei, Rosmarin, Katzenminze und Sonnenblumen werden von Insekten sehr gerne angeflogen und können in Blumentöpfen einfach gepflanzt werden.

DER BIENENFREUNDLICHE GARTEN

Nektar und Pollen fürs ganze Jahr

Damit Bienen sich in einem Garten wohlfühlen, müssen sie das ganze Jahr über genug Nahrung finden. Im späten Frühjahr ist das einfach. Die Obstbäume blühen und es gibt überall ausreichend Nektar und Pollen. Aber die Bienenköniginnen sind schon Anfang des Jahres unterwegs und gründen ihren Staat. Krokusse, Schneeglöckchen, Winterlinge, Primeln und blühende Haselsträucher helfen der Königin, ausreichend Futter zu finden, wenn der Frühling noch gar nicht richtig begonnen hat.

Im Sommer besuchen Bienen gerne die Blüten von Glockenblumen, Himbeeren, Wicken, Flockenblumen, Klee und Heckenrosen. Besonders lieben Bienen wilde Blumenwiesen, die nur selten gemäht werden. Hier werden sich auch Scharen von anderen Insektenarten einfinden.

Im Herbst wird es schwieriger, den Bienen ein entsprechendes Nahrungsangebot zu machen. Sonnenhut, Astern, Dahlien, Thymian und Blutweiderich sind spätblühende Pflanzen und liefern an kühlen Herbsttagen noch genügend Pollen und Nektar. Der blühende Efeu ist im Herbst eine wahre Bienenweide. Hier summen und brummen nicht nur Bienen, auch andere Insekten kann man hier bestens beobachten.

Findet die Honigbiene über das Jahr ausreichend Nahrung im Garten, kann sie einen guten Vorrat an Honig und Pollen für die Wintermonate anlegen. Dieser Nahrungsvorrat entscheidet über das Überleben des ganzen Volkes. In der kalten Jahreszeit kuscheln sich die Tiere als Traube zusammen und wärmen sich gegenseitig. Am gemütlichsten hat es die Königin in der Mitte. Ihr Überleben ist am wichtigsten, denn es sichert das Überleben des ganzen Stammes.

DER BIENENFRESSER *(MEROPS APIASTER)*
EXTREM SCHÖN, EXTREM SELTEN

Der farbenprächtige Bienenfresser ist einer der buntesten Vögel Europas. Er überwintert in Afrika und kommt im Sommer zurück in seine Brutgebiete, meist im südlichen Europa. Der wunderschöne Vogel war in Deutschland schon ausgestorben. Inzwischen wächst die Population wieder und kann in bestimmten Regionen beobachtet werden.

Der Bienenfresser ist ein Ansitzjäger. Meist nehmen mehrere Artgenossen zusammen auf Stromleitungen oder Masten Platz. Von dort aus halten sie nach Beute Ausschau. Geschickt fangen sie große Insekten wie Bienen, Wespen, Hummeln und Libellen im Flug. Erstaunlicherweise wird der Bienenfresser von den wehrhaften Insekten nie gestochen. Dafür wendet er einen Trick an. Mit ein paar kräftigen Hieben schlägt er seine Beute auf eine harte Unterlage und knetet sie kräftig durch. So wird die Giftdrüse am Stachel des Insekts entleert. Erst jetzt frisst der Vogel das Beutetier oder bringt es zu seinem Nachwuchs.

Bienenfresser sind Koloniebrüter und bauen bis zu zwei Meter lange Bruträhren horizontal in Steilufer oder Sandwände. Am Ende der Röhre befindet sich eine Brutkammer, in der aus fünf bis sieben Eiern die Jungvögel schlüpfen.

DIE GEMEINE WESPE *(VESPULA VULGARIS)*
STARARCHITEKTIN IM DACHBODEN

Kaum steht im Sommer ein Stück Kuchen auf dem Gartentisch, ist sie schon da - die Wespe. Sie lässt sich nur schwer von unseren Leckerbissen vertreiben und wird schnell aggressiv. Deshalb ist die Wespe nicht gerade ein beliebtes Insekt. Für unser Ökosystem ist sie aber sehr nützlich und gehört deshalb zu den geschützten Arten.

Wespen ernähren sich nämlich von pflanzenfressenden Insekten wie Blattläusen und leisten so einen wichtigen Beitrag zum Pflanzenschutz. Aber auch verwesende Tiere stehen auf ihrem Speiseplan, so halten sie als Aasfresser unsere Natur sauber. Am liebsten nehmen sie allerdings süßen Blütennektar zu sich und übernehmen dabei die wichtige Aufgabe des Bestäubens, ebenso wie Bienen und Hummeln.

Wahre Kunstwerke sind die Nester, die Wespen für die Aufzucht ihrer Nachkommen bauen. Trockenes und morsches Holz wird zerkaut und eingespeichelt, bis eine papierartige Masse entsteht. Daraus baut die Wespe die Wabenzellen, die in mehreren Etagen übereinanderhängen können. Das Nest wächst im Laufe des Sommers rasch, denn ein Wespenstaat kann bis dahin mehr als 10 000 Tiere umfassen. So mancher Hausbesitzer wurde schon bei einem seltenen Besuch auf dem Dachboden von einem bis zu 80 Zentimeter großen, kugeligen Wespennest überrascht.

Da die Gemeine Wespe unter Naturschutz steht und es zudem extrem gefährlich ist, ein Wespennest zu entfernen, sollte man die Tiere einfach in Ruhe lassen. Das Wespenvolk stirbt im Herbst ab und das leere Nest wird im nächsten Jahr nicht mehr bewohnt werden.

Autsch! Das pikst!

Im Gegensatz zu den Bienen trägt der Stachel der Wespen keine Widerhaken und ist fest im Hinterleib verankert. Die Wespe kann daher beliebig oft zustechen und ihr Gift einspritzen. Bei der Biene hingegen wird der Stachel durch den Stich aus dem Körper herausgerissen und sie stirbt.

DER WESPENBUSSARD *(PERNIS APIVORUS)*
ZU FUSS AUF JAGD

WESPENBUSSARD

Manchmal bauen Wespen ihre Nester auch unterirdisch in verlassenen Mäuselöchern oder Maulwurfgängen. Hier ist der Wespenstaat ziemlich gut geschützt - wenn nicht gerade ein Wespenbussard beobachtet, wie die Insekten im Boden verschwinden. Geschickt gräbt der Greifvogel das Nest aus und holt große Wabenstücke aus der Erde, um die Larven und Puppen herauszupicken.

GUT GERÜSTET GEGEN DIE GEFAHR

Wespen sind nicht gerade eine ungefährliche Leibspeise. Deshalb hat der Wespenbussard seinen Körper optimal an seine Futtersuche angepasst. Seine Beine sind kräftig, die Krallen kaum gebogen und somit bestens zum Graben geeignet. Die federlosen Stellen an den Beinen werden durch dicke Schuppen vor Wespenattacken geschützt.
Die Nasenlöcher des Vogels sind schmale Schlitze, damit keine Wespen hineinkriechen können, wenn er das Nest mit dem Schnabel aus dem Boden holt. Das dichte Federkleid am Kopf schützt ihn vor Stichen. Seine Augen sitzen im Vergleich zu anderen Greifvögeln noch seitlicher am Kopf und werden beim Ausheben von Wespennestern geschlossen. Der Schnabel ist lang und schmal, damit der Vogel die saftigen Larven besser aus den Waben ziehen kann.

AUF INS FERNE AFRIKA

Aber nicht nur der Körperbau des Vogels ist besonders. Der Wespenbussard ist ein Langstreckenzieher. Er verbringt nur vier Monate im Sommer in Europa. Ende August macht er sich auf den Weg in sein Winterquartier, ins südliche Afrika. 7000 Kilometer legt der Vogel auf seiner Reise zurück, um dann im Mai des nächsten Jahres wieder hierher zurückzukehren.

DIE DUNKLE ERDHUMMEL *(BOMBUS TERRESTRIS)*
BRUMMER IM GESTREIFTEN PELZ

Schon im Februar, wenn es noch ziemlich kühl ist, macht sich die begattete Jungkönigin der Dunklen Erdhummeln auf die Suche nach einer Wohngelegenheit, um ihren Staat aus bis zu 600 Tieren zu gründen. Sie hat unter trockenem Laub überwintert und hält nun nach einer passenden Erdhöhle oder einem Loch unter Steinen Ausschau. Ein verlassenes Mäusenest kommt ihr gerade recht, oder ist es gar nicht verlassen? Egal, zur Not wird die Maus eben aus ihrem Loch vertrieben.

In ihrem neuen Zuhause baut die Königin nun Zellen, die wie kleine Tonnen aussehen. In diesen verstaut sie nicht nur Pollen und Nektar, sondern auch ihre Eier. Da es im Frühjahr noch ziemlich kalt ist, setzt sich die Königin auf ihre Brut, um sie zu wärmen. Dafür braucht die Hummel viel Energie und muss reichlich Nektar zu sich nehmen. Sie fliegt täglich etwa 6000 Blüten an, um satt zu werden.

Damit zählen die Hummeln zu den wichtigsten Bestäuberinsekten. Auf ihrer Nahrungssuche sind sie nicht besonders wählerisch und nehmen Pollen und Nektar von Beerensträuchern, Obstbäumen, aber auch von Gemüsepflanzen. Bei Tomaten und Paprika sitzen die Pollenkörner allerdings ziemlich fest in der Kapsel. Hier hat die Hummel einen Trick: Sie beißt sich an der Blüte fest und bewegt ihre Flügel mit hoher Geschwindigkeit. So werden die Pollen herausgeschüttelt und stäuben die Hummel mit den Pollen ein. Dies nennt man „Vibrationsbestäubung".

Haarige Brummer
Erdhummeln sind schwarz behaart mit zwei gelben Querbinden und einer weißen Hinterleibsspitze.

Zuchthummeln

Gezüchtete Erdhummeln helfen in Treibhäusern bei der Bestäubung von Tomatenpflanzen mit. Leider gefährden ausgebüxte Zuchthummeln ihre wilden Verwandten durch Parasiten oder verdrängen sie aus ihrem Lebensraum.

STUNDEN FÜR DIE SEELE

Wonnemonat Mai - Monat der schwärmenden, singenden, balzenden Vögel - Monat der Hummeln - Monat des blühenden Flieders (und auch mein Geburtsmonat). Ich schreibe dies im Freien, kurz nach Sonnenaufgang, unten am Fluss. Das Spiel des Lichts, die Düfte, die Melodien - Hüttensänger, Grasmücken, Wanderdrosseln, wohin man auch schaut - das lärmende, klingende Konzert der Natur. Als Untermalung dient das Hämmern eines benachbarten Spechts an seinem Baum und der entfernte Weckruf eines Hahns. Und die feuchte Erde duftet - die Farben, die zarten Grau- und lichten Blautöne am Horizont. Das leuchtende Grün des Grases hat durch die Milde und Feuchtigkeit der letzten zwei Tage eine zusätzliche Tiefe erhalten. Wie ruhig die Sonne zu ihrer Tagesreise in den weiten, klaren Himmel aufsteigt! Wie ihre warmen Strahlen alles überfluten und wie mit Küssen, fast heiß über mein Gesicht strömen. Es ist eine Weile her seit dem Gequake der Teichfrösche und dem ersten Weiß der Hartriegelblüten. Jetzt sprenkelt goldener Löwenzahn in endloser Verschwendung überall den Boden. Die weißen Kirsch- und Birnenblüten - die wilden Veilchen schauen aus ihren blauen Augen auf und salutieren meinen Füßen, als ich am Waldrand entlangschlendere. Der rosige Schein knospender Apfelbäume, das leuchtend klare Smaragdgrün der Weizenfelder, das dunklere Grün des Roggens - eine warme Geschmeidigkeit durchdringt die Luft, die Wacholderbüsche sind reich geschmückt mit ihren braunen Äpfelchen - der Sommer erwacht ganz und gar. Die Amseln, in geschwätzigen Schwärmen, sammeln sich auf einem Baum und erfüllen die Stunde und den Ort mit Lärm, während ich in ihrer Nähe sitze.

Später. (...) Ich sitze schreibend unter einem großen Wildkirschbaum - der warme Tag wird angenehm temperiert von einzelnen Wolken und einer frischen Brise, nicht zu stark und nicht zu schwach, und hier sitze ich lange und lange, umhüllt vom tiefen musikalischen Gebrumm dieser Hummeln, die über mir zu Hunderten herumschwirren, sich wiegen, hin und her schießen - dicke Burschen mit hellgelben Röcken, großen leuchtenden, schwellenden Leibern, gedrungenen Köpfen und hauchdünnen Flügeln, unablässig lassen sie ihr reiches, weiches Summen ertönen.

(...) Wie mich das alles kräftigt und wunderbar besänftigt - die frische Luft, die Roggenfelder, die Obstgärten. Die letzten beiden Tage waren makellos, was Sonne, Wind, Temperatur und überhaupt alles angeht, und ich habe sie zutiefst genossen.

Walt Whitman

SCHWEBFLIEGEN *(SYRPHIDAE)*
SCHWARZ-GELBE TRICKSER

Schwebfliegen werden oft auch Schwirrfliegen genannt und sind regelrechte Superflieger. Sie können ihre Flügel mit 300 Flügelschlägen pro Sekunde bewegen und rasend schnell sowohl vorwärts- als auch rückwärtsfliegen. Der Schwirrflug ermöglicht es dem Insekt, auch längere Zeit an Ort und Stelle in der Luft zu stehen, ähnlich wie ein Kolibri. Obwohl Schwebfliegen sehr klein und leicht sind, können sie große Entfernungen zurücklegen. Sie sind sogenannte Wanderinsekten. Im Herbst fliegen sie - ähnlich wie Zugvögel - in wärmere Regionen im Süden. Dabei überqueren sie in großen Schwärmen die Alpen oder Pyrenäen in Höhen bis zu 1400 Metern. Geschickt nutzen sie dabei Rückenwinde oder umfliegen ungünstige Luftströmungen.

Die meisten Schwebfliegenarten sind, genauso wie Bienen, Hummeln und Wespen, schwarz-gelb gestreift. Sie können also leicht verwechselt werden. Allerdings sind Schwebfliegen völlig harmlos, sie haben nämlich keinen Stachel. Durch ihr Muster täuschen sie ihren Fressfeinden allerdings vor, gefährlich zu sein. Diese Abschreckung ist ein genialer Trick - Wissenschaftler nennen eine derartige Nachahmung visueller Signale zum eigenen Schutz „Mimikry".

Schleckermäulchen

Der Kopf der Schwebfliege sieht aus wie eine kleine Schnauze. Hier befinden sich ihre Mundwerkzeuge, die eher kleinen Tupfern ähneln. So kann das Insekt den Nektar optimal aufsaugen oder ablecken.

Lecker, Blattläuse!

Die Hainschwebfliege legt Hunderte Eier, meist mitten in eine Blattlauskolonie. Ihre Larven fressen Blattläuse nämlich am allerliebsten. Man kann die Eier der Schwebfliege sogar kaufen und zur biologischen Schädlingsbekämpfung im eigenen Garten einsetzen.

WAGHALSIGE
Flugkünstler

DIE HUFEISEN-AZURJUNGFER

(COENAGRION PUELLA)

EINDRUCKSVOLLE AKROBATIN

Die Hufeisen-Azurjungfer ist schlank wie eine Nadel und an stehenden Gewässern eine der häufigsten Libellenarten. Das Männchen ist leuchtend blau mit einer schwarzen, hufeisenförmigen Zeichnung auf dem zweiten Hinterleibssegment. Die Weibchen sind hellblau oder grün. Die Libellen ernähren sich von kleinen Insekten, die sie geschickt im Flug fangen.

Ein besonders akrobatisches Bild bieten die Azurjungfern bei der Paarung. Das Männchen packt hierbei das Weibchen mit seinen Hinterleibszangen hinter dem Kopf. Für die Befruchtung bilden die beiden Tiere ein herzförmiges Paarungsrad. Anschließend erfolgt die Eiablage über dem Wasser. Ein tolles Schauspiel, denn die beiden Libellen fliegen im Tandem. Das Männchen steht aufrecht, während das Weibchen mit seinem Legestachel die Eier in die Blätter der Wasserpflanzen sticht.

Nach zwei bis fünf Wochen schlüpfen aus den Eiern die Larven. Die Larven der Azurjungfern überwintern im Wasser. Erst im nächsten Frühjahr verwandelt sich die Larve in eine fertige Libelle. Dieser Schlupfvorgang kann zwischen 30 Minuten und drei Stunden dauern. Was für eine Verwandlung!

Riesige Vorfahren

Schon vor 320 Millionen Jahren lebten Libellen auf der Erde. Diese Vorfahren aus der Kohlezeit waren allerdings bedeutend größer, mit Flügelspannweiten bis zu 60 Zentimetern.

Facettenaugen

Libellen haben Facettenaugen, die aus bis zu 28 000 Einzelaugen bestehen. So können sie etwa 300 Einzelbilder pro Sekunde auflösen, das ist fünf Mal mehr als beim Menschen.

DER PLATTBAUCH *(LIBELLULA DEPRESSA)*
AUF ZU NEUEN UFERN

Der Plattbauch gehört zu den Segellibellen und hat einen breiten, plumpen Körper. Das Männchen ist hellblau gefärbt, das Weibchen gelbbraun bis olivgrün. Ihre Flügel sind durchsichtig mit dunklen Flecken an der Basis. Die Flügelspannweite kann bis zu 80 mm erreichen. Plattbäuche sind großartige Flieger und erreichen hohe Geschwindigkeiten. Sie fangen und fressen ihre Beute im Flug.

Auch die Paarung, die nur 30 Sekunden dauert, findet im Flug statt - genauso wie die Eiablage. Das begattete Weibchen macht dabei kurze Wippbewegungen, berührt mit dem Hinterleib die Wasseroberfläche und wirft die Eier ab. So legt die Libelle bis zu 100 Eier ab.

Die Eier sind von einer gallertigen Hülle umgeben. Sind die Larven geschlüpft, bleiben sie anfangs in der Nähe von Wasserpflanzen. Später verstecken sie sich im schlammigen Boden und lauern auf Beute. Kleine Insekten, Amphibienlarven, Würmer und Krebstierchen stehen auf ihrem Speiseplan. Es dauert etwa 2 Jahre, bis sich aus der Larve die fertige Libelle entwickelt hat.

PIONIERBESIEDLER

Die begatteten Weibchen der Plattbäuche legen oft große Strecken zurück und werfen ihre Eier in neu entstandenen Gewässern ab. Man nennt sie daher Pionierbesiedler.

Diese Libellenart ist besonders anpassungsfähig und kommt gut mit vegetationsarmen Tümpeln zurecht.

Genau hingeschaut

Der dunkle Fleck an den
Vorderflügeln des Plattbauchs
ist schmal und länglich. An den
Hinterflügeln hat der Fleck
die Form eines Dreiecks.

Fangmaske

Libellenlarven haben eine stark verlängerte
Unterlippe, die mit Zähnen und Dornen be-
setzt ist. Nähert sich ein Beutetier, schnellt die
Fangmaske blitzschnell heraus und packt zu.

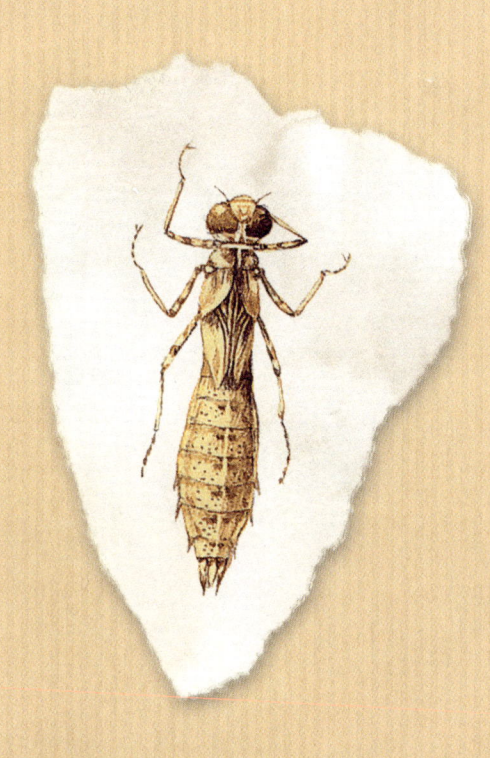

Kaum vorstellbar, dass sich
aus der wenig attraktiven
Larve eine glitzernde Libelle
entwickeln wird!

DIE METAMORPHOSE DER LIBELLE

Ähnlich wie Schmetterlinge oder Frösche machen auch Libellen im Laufe ihres Lebens eine erstaunliche Verwandlung durch. Man nennt die Veränderung der Gestalt und Lebensweise eines Tieres auch „Metamorphose".

Das Leben der Libelle beginnt im Ei. Aus diesem schlüpft nach etwa drei bis vier Wochen die Larve, die sich - je nach Art - bis zu siebzehn Mal häutet. Libellenlarven leben im Wasser zwischen Pflanzen oder im Schlamm, wo sie räuberisch nach Nahrung suchen. Das Larvenstadium dauert ein bis zwei Jahre, bei manchen Arten und je nach Wassertemperatur sogar bis zu sieben Jahre.

Ist die Larvenentwicklung abgeschlossen, beginnt die Metamorphose. Die Larve klettert dafür aus dem Wasser und klammert sich fest an einen Pflanzenstängel. Das Insekt pumpt sich immer weiter mit Luft auf, bis die Larvenhaut am Rücken aufplatzt. Die Libelle schiebt sich nach und nach heraus und entfaltet ihre Flügel. Der Körper härtet aus und nimmt seine prächtige Farbe an. Nach etwa vier bis fünf Stunden hebt die Libelle zum ersten Mal ab in die Luft, zum sogenannten Jungfernflug. Zurück bleibt nur die leere Larvenhülle.

GAR NICHT TEUFLISCH

Im Volksmund werden Libellen auch „Teufelsnadeln" genannt, dabei können sie gar nicht stechen.

DER EISVOGEL *(ALCEDO ATTHIS)*
EIN FLIEGENDER EDELSTEIN

Kobaltblau schillert das Gefieder des Eisvogels, wenn er - schnell wie ein Pfeil - über die Wasseroberfläche fliegt. Auf einem Ast über dem Wasser nimmt er Platz und hält Ausschau nach Beute. Hat er einen Fisch oder eine Libellenlarve entdeckt, stürzt er sich kopfüber nach unten, holt dabei mit kurzen Flügelschlägen noch mal Schwung und taucht ins Wasser. Mit seinem kräftigen, spitzen Schabel packt er die Beute und fliegt wieder zurück auf seine Sitzwarte.

Das Beutetier wird totgeschüttelt oder auf dem Ast totgeschlagen und dann Kopf voraus verschlungen. Zur Paarungszeit überreicht das Männchen seine Beute mit einer Verbeugung dem Weibchen als Geschenk.

Nach der Paarung beginnen die Elternvögel mit dem Bau der Nisthöhle. Mit dem Schnabel hacken sie einen Tunnel in die Steilwände von Gewässern. Bis zu drei Wochen sind sie damit beschäftigt. Dann folgt die Eiablage in der Bruthöhle, die am Ende des knapp einen Meter langen Tunnels liegt. Sechs bis acht porzellanweiße Eier legt das Weibchen - immer eines pro Tag.

KINGFISHER

Im englischsprachigen Raum wird der Eisvogel „Kingfisher" genannt. Wer einmal das Glück hatte, dem prächtigen Vogel bei der Jagd zuzusehen, weiß, warum er Königsfischer genannt wird.

Bunte Tarnung

Trotz seiner auffälligen Farben ist der Eisvogel nur schwer zu entdecken. Die Blautöne seines Rückengefieders verschwimmen mit der glitzernden Wasseroberfläche. Sobald er sich hinsetzt, passt der rostbraune Bauch perfekt zu Ästen und Schilfrohr.

EIN GRÜNES BLATT

Ein Blatt aus sommerlichen Tagen,
Ich nahm es so im Wandern mit,
Auf dass es einst mir möge sagen,
Wie laut die Nachtigall geschlagen,
Wie grün der Wald, den ich durchschritt.

Theodor Storm

FLATTERNDE

Schönheiten

DER ZITRONENFALTER *(GONEPTERYX RHAMNI)*
SCHMETTERLING MIT FROSTSCHUTZMITTEL

Leuchtend gelb flattert der Zitronenfalter schon im März über Wiesen und an Wald-
rändern entlang. Von allen Schmetterlingen Mitteleuropas lebt er mit 12 Monaten am
längsten. Aber er kann noch etwas ganz Besonderes. Während andere Schmetterlinge
sich während der kalten Jahreszeit einen Unterschlupf suchen, überwintert der Zitronenfalter ganz ungeschützt an Ästen oder Blättern. In seinem Körper hat er nämlich eine Art
Frostschutzmittel, das Glyzerin. Dieses verhindert, dass seine Körperflüssigkeit einfriert,
und lässt den Schmetterling sogar eisige Temperaturen von -20 Grad Celsius überstehen.
Sobald die Frühlingssonne scheint, flattern Männchen und Weibchen gemeinsam in
einem wilden Tanz durch die Luft, bevor es zur Paarung kommt. Das Männchen ist an
seiner zitronengelben Farbe eindeutig zu erkennen, das Weibchen sieht mit seinen weiß-
grünlichen Flügeln dagegen deutlich blasser aus.
Aus den etwa 100 Eiern, die das Weibchen vor seinem Tod noch gelegt hat, schlüpfen
nach einer guten Woche die Raupen, die in ihren Essgewohnheiten sehr wählerisch sind.
Sie fressen nämlich hauptsächlich die Blätter von Kreuzdorngewächsen wie dem Faulbaum. Einige Wochen später verpuppen sich die Raupen und schlüpfen Ende Juni aus der
Puppe. Eine neue Schmetterlingsgeneration flattert durch die Sommerluft.

SOMMERPAUSE

Wenn es heiß wird, im Juli oder August, legen
Zitronenfalter eine kleine Sommerpause
ein. Sie ziehen sich in ein kühles Versteck
zurück und werden erst im Herbst
wieder aktiv. Dieser Sommerschlaf
hält sie fit und ermöglich ihre lange
Lebenszeit.

Typische Flecken

Zitronenfalter haben ihre Flügel fast immer zusammengeklappt. Daher sieht man den orangen Fleck auf der Flügeloberseite fast nie, auf der Unterseite ist der Punkt bräunlich.

DAS TAGPFAUENAUGE *(AGLAIA IO)*
LEIBSPEISE BRENNNESSELN

Das Tagpfauenauge gehört zur Familie der Edelfalter. Sitzt der Schmetterling allerdings mit zusammengeklappten Flügeln auf einer Blüte, sieht er nicht sehr edel aus. Dann erinnert er eher an ein vertrocknetes Blatt. Die graubraune Unterseite dient nämlich der Tarnung. Aber wenn der Schmetterling bei Bedrohung ruckartig seine Flügel aufklappt - huch! -, bekommt man einen kleinen Schock! Vier schillernde Augenflecke leuchten auf den Flügeln und sollen Fressfeinde abschrecken. Vögel lassen vom Schmetterling ab, da sie befürchten, ein großes, gefährliches Tier hätte sie im Blick. Ein gelungener Trick!
Die Raupen des Tagpfauenauges sind anfangs grüngelb, später schwarz mit weißen Punkten. Sie sind sehr wählerisch und fressen nur eines - die Große Brennnessel. Auf diesen Pflanzen leben die Raupen gemeinschaftlich in eindrucksvollen Nestern und spinnen sich sogar ein. Erst kurz vor der Verpuppung suchen sie sich einen einzelnen Pflanzenstängel. Senkrecht nach unten hängend, baumeln sie dann in ihrer „natürlichen Umkleidekabine" an einem Gespinstfaden, bis nach etwa zwei Wochen der fertige Schmetterling herausschlüpft.
Im Gegensatz zur Raupe ist der Schmetterling nicht sehr wählerisch. Er fliegt verschiedenste Blüten an, um mit seinem Saugrüssel den Nektar aufzusaugen. Sobald das Tagpfauenauge genug getrunken hat, rollt es den Rüssel zu einer Spirale ein und fliegt zur nächsten Blüte.

STARR VOR KÄLTE
Zum Überwintern suchen sich die Schmetterlinge ein geschütztes Versteck in feuchten Höhlen, Kellern oder Dachböden. Sie fallen in Winterstarre und verharren regungslos bis Ende März.

Gewinner des Klimawandels

Früher hat das Tagpfauenauge nur eine Schmetterlingsgeneration pro Jahr ausgebildet. Aufgrund der höheren
Temperaturen sind es heute zwei Generationen.

EIN SCHLARAFFENLAND FÜR SCHMETTERLINGE

In Gärten, auf Grünflächen und sogar auf dem Balkon kann man ohne viel Aufwand ein wahres Paradies für Tagfalter schaffen. Da landwirtschaftliche Flächen inzwischen intensiv genutzt werden, erlangen naturnahe Lebensräume in Städten und Siedlungen eine immer größere Bedeutung.

Tagfalter und ihre Raupen brauchen passende Futter- und Blühpflanzen. Gerade die Raupen vieler Schmetterlinge haben sich auf ganz bestimmte Pflanzen spezialisiert. Beerensträucher, Wildrosen, Haselstrauch, Faulbaum, Weißdorn, Korbweide, Schlehen und Heckenkirsche eignen sich besonders gut. Ein wahrer Wohlfühlort für Raupen sind Eiche und Salweide. Zahlreiche Raupenarten lieben diese beiden Bäume. Aber auch Gräser und

Kräuter sehen im Garten nicht nur dekorativ aus, sie sind gleichzeitig Lebensraum für verschiedenste Raupenarten.

Zahlreiche Futterpflanzen für Raupen, wie Wiesenschaumkraut, Rotklee, Bunte Kronwicke, Wilde Möhre, Hornklee oder Wiesen-Flockenblumen, blühen wunderschön und bieten gleichzeitig Nektar für die ausgewachsenen Schmetterlinge.

Es sollten allerdings nur heimische Gewächse gepflanzt werden. Die gezüchteten, gefüllten Blüten bieten Insekten weder Nektar noch Pollen. Sie sind also nur schön anzusehen, Nahrung finden Schmetterlinge hier keine mehr.

Natürlich dürfen in einem Schmetterlingsgarten auch ein paar wilde Ecken nicht fehlen. Brennnesseln entsprechen zwar nicht unserem Geschmack von einem aufgeräumten Garten, sind aber das Lieblingsfutter zahlreicher Raupenarten. Ein Totholzstapel bietet nicht nur Schmetterlingen, sondern auch vielen anderen Insekten und dem Igel die Möglichkeit, gut geschützt zu überwintern.

DER ADMIRAL *(VANESSA ATALANTA)*
WEIT GEREIST MIT DEM WIND

Mit seinen Farben Schwarz, Rot und Weiß ähnelt das Aussehen des Schmetterlings der Uniform eines Admirals. Das hat ihm seinen Namen gegeben. Und noch etwas hat der Schmetterling mit einem hohen Offizier gemeinsam. Er kommt weit herum in der Welt. Der Admiral ist nämlich ein Wanderfalter. Er stammt aus Südeuropa, nimmt aber jedes Jahr im Mai/Juni den weiten Weg nach Nordeuropa auf sich, um sich hier fortzupflanzen. Dabei überqueren die zarten Schmetterlinge die Alpen und erreichen Flughöhen von 2 000 Meter. So hoch oben nutzt der Admiral Winde, die ihn rasch weitertragen, ohne viel Energie zu verbrauchen.

Der Admiral liebt Obstgärten, dort saugt er gerne an süßem Fallobst. Aber auch der rosafarbene Wasserdost, Brombeeren und Efeublüten besucht der Edelfalter gern. Die Raupen dagegen wollen nur ein Futter, die Große Brennnessel. Deshalb legt der weibliche Schmetterling das Ei auch direkt auf dieser Pflanze ab. Kaum ist die Raupe geschlüpft, baut sie mithilfe von Spinnfäden kleine Blatttüten aus den Brennnesselblättern als Unterschlupf. Gut geschützt futtern die Raupen vor sich hin und verpuppen sich sogar in ihrem Versteck.

KLEINE PUPPENLEHRE

Der Admiral verpuppt sich zu einer sogenannten „Stürzpuppe". Diese Puppen hängen frei baumelnd an einem Gespinstfaden. Bei der „Gürtelpuppe" ist ein zusätzlicher Faden wie ein Gürtel um die Körpermitte gesponnen und mit einem Zweig verbunden. Diesen Puppentyp sieht man zum Beispiel beim Schwalbenschwanz.

WEICH WIE SEIDE

Manche Schmetterlingsraupen verpuppen sich in einem Konkon. Mit ihren Spinndrüsen produzieren sie feine Fäden, die zu einem Konkon versponnen werden. Aus dem Konkon der Seidenraupe wird die wertvolle Seide hergestellt.

Beste Sicht auf die Damen

Die männlichen Schmetterlinge einiger Arten, auch des Admirals, halten nachmittags und abends gerne nach vorbeifliegenden Weibchen Ausschau. Diese Art der Partnersuche wird auch Gipfelbalz oder „Hill-Topping" genannt.

DER SCHWALBENSCHWANZ *(PAPILIO MACHAON)*
RITTER DER LÜFTE

Der Schwalbenschwanz gehört zu den Ritterfaltern und ist einer der schönsten Schmetterlinge Europas. Mit acht Zentimetern Flügelspannweite ist er außerdem auch einer der größten. Neben seiner gelblich-schwarzen Musterung fallen vor allem die Verlängerungen seiner Hinterflügel auf, die an die Schwanzfedern von Schwalben erinnern. Typisch ist auch sein Flug bei der sogenannten Gipfelbalz. Hier flattert der männliche Schmetterling an Berghängen empor und segelt dann dank der Thermik fast ohne einen Flügelschlag wieder herunter. So macht er die Weibchen auf sich aufmerksam. Die angelockten Damen begeben sich nach diesem eindrucksvollen Schauspiel gerne zu den erhöhten Rendezvousplätzen, um sich dort begatten zu lassen.

Aber auch die Raupe des Schwalbenschwanzes ist ein wahrer Hingucker. Sie hat eine kräftige grüne Grundfarbe mit einem Muster aus schwarzen Querstreifen und orangen Flecken. Der Clou ist aber die orange Nackengabel, die die Raupe bei Gefahr hinter dem Kopf ausklappt. Mit ihrer grellen Färbung sieht sie nicht nur abschreckend aus. Sie verströmt zusätzlich einen unangenehmen Geruch, der jedem Fressfeind den Appetit verdirbt.

Die Raupen futtern gerne die Blätter der Wilden Möhre, Dill und Fenchel, bis sie sich in graubraune Gürtelpuppen verwandeln. Findet die Verpuppung erst Ende des Sommers statt, überwintern sie als Puppen. Die Puppenruhe dauert dann etwa neun Monate, bis der Schmetterling im nächsten Frühjahr schlüpft.

Bloß nicht auffallen!

Der fertige Schmetterling klammert sich an einen Zweig und wartet bis zu zwei Stunden, bis die Flügel ausgehärtet sind. Eine gefährliche Zeit, denn der Schwalbenschwanz ist völlig wehrlos. Hoffentlich entdeckt ihn kein Vogel!

Raus aus dem Gefängnis

Das Schlüpfen aus der Puppenhülle ist Schwerstarbeit. Erst beginnt die Puppe zu zappeln und windet sich hin und her. Schließlich reißt die Hülle an der Oberseite auf und der Schmetterling quetscht sich innerhalb weniger Sekunden aus der engen Hülle heraus. Puh, geschafft!

SCHMETTERLINGSFLÜGEL – HAUCHZARTE MEISTERWERKE

Die Flügel der Schmetterlinge sind wunderschön anzusehen. Sie leuchten in den herrlichsten Farben und Mustern. Dafür sind winzige Schuppen verantwortlich, die wie Dachziegel auf den Flügeln angebracht sind. Die einzelnen Schuppen sind nur 0,1 mm lang und 0,05 mm breit. Zudem sind sie hohl, um dem Schmetterling Auftrieb zu verleihen und so seinen Flug zu stabilisieren.

Deshalb darf man die Flügel eines Schmetterlings auf keinen Fall berühren. Falls dies passiert, bleibt ein feiner, farbiger Staub an den Fingern kleben und der Schmetterling hat auf einen Schlag Tausende seiner Schuppen verloren. Das hat für ihn schwere Folgen. Er braucht nun nämlich viel mehr Energie beim Fliegen und hat zudem sein tolles Muster verloren.

Das Farbmuster auf den Flügeln ergibt sich aus der Anordnung Tausender Einzelschuppen. Durch die Absorption und Reflexion von Licht entstehen die besonderen Muster auf dem Flügel, die nicht nur bunt sind, sondern oft sogar schillern, schimmern oder sogar metallisch glänzen.

Die vielfältigen Muster erfüllen ganz unterschiedliche Funktionen. Häufig dienen sie als Warnfarben, um Feinden zu drohen, weil der Schmetterling giftige Stoffe in sich trägt. Die Scheinaugen des harmlosen Tagpfauenauges imitieren die Augen eines großen Säugetieres und sollen Vögel abschrecken. Diese Nachahmung zum eigenen Schutz nennt man Mimikry. Bei manchen Schmetterlingsarten sind die Flügel des Weibchens in unscheinbaren Farben wie Braun oder Grau gehalten. So sind sie bestens getarnt und können sich gut verstecken. Die Flügeloberseite der Männchen schillert und glitzert hingegen prächtig. Das schöne Gewand soll bei der Partnersuche helfen und die Damenwelt beeindrucken. Wer kann da schon widerstehen!

Das Glück ist wie ein Schmetterling:

Wenn wir es jagen,

vermögen wir es nicht zu fangen,

aber wenn wir ganz ruhig innehalten,

dann lässt es sich auf uns nieder.

Nathaniel Hawthorne

DER BLÄULING *(LYCAENIDAE)*
GUT GETARNT IM AMEISENBAU

Wie der Name schon sagt, sind die Flügel der Bläulinge blau. Weltweit gibt es 5000 verschiedene Arten, hier bei uns sind es etwa 50. Da sich die Arten nur wenig unterscheiden, fällt die Bestimmung selbst erfahrenen Schmetterlingskundlern schwer. Zudem klappen die Falter, sobald sie auf einer Pflanze Platz genommen haben, ihre Flügel zusammen - die Oberseite ist in Ruhe also nur selten zu sehen.

Die Raupen der Bläulinge sind nur selten Pflanzenfresser. In diesem Fall ernähren sie sich von verschiedenen Klee- und Luzernensorten. Die Raupen der meisten Bläulingsarten leben gemeinsam mit Ameisen in deren Bau. Hier ernährt sich die Raupe entweder von den Larven der Ameise oder wird von den Ameisen gefüttert. Damit die Raupe nicht enttarnt wird, hat sie den gleichen Geruch wie die Ameisenlarve. Außerdem besitzt sie eine Drüse, die süßen Honigtau produziert - die Lieblingsspeise der Ameisen. So besticht sie die Ameisen und ist vor ihren Angriffen sicher.

Auch als Puppen bleiben die Bläulinge noch im Ameisenbau. Nach dem Schlüpfen hat der Falter allerdings nur wenig Zeit. Jetzt besitzt er nämlich keine Duftstoffe mehr, die ihn vor den Ameisen schützen. Der Bläuling muss so schnell wie möglich den Bau verlassen, um nicht selbst zur Beute zu werden.

BLÄULINGE IN GEFAHR

Die Lebensräume der Bläulinge sind inzwischen stark gefährdet. Immer mehr Feuchtwiesen, Moore, Heideland und Magerwiesen verschwinden. Außerdem sind viele seltene Ameisenarten bedroht, auf die der Bläuling angewiesen ist.

Der Lungenenzian-Ameisenbläuling *(PHENGARIS ALCON)*

Der weibliche Schmetterling des Lungenenzian-Ameisenbläulings legt seine Eier auf die Knospen des Lungen-Enzians. Die Raupen fressen die Samen im Fruchtknoten und lassen sich nach der dritten Häutung zu Boden fallen. Nun werden sie durch die Nachahmung von Duftstoffen von der Knotenameise in deren Bau getragen und gefüttert.

EIN PARADIES FÜR INSEKTEN

Nicht nur durch geeignete Futter- und Blühpflanzen kann jeder Garten- und Balkonbesitzer Insekten helfen. Mit nur wenigen Handgriffen können den Tieren zusätzliche Alternativen zu ihren natürlichen Lebensräumen geboten werden. Die Vielfalt an Bienen, Wildbienen, Schmetterlingen und vielen anderen Insektenarten, die es dann frei Haus zu beobachten gibt, lassen jede Mühe und jeden Zeitaufwand vergessen.

INSEKTENTRÄNKE

Scheint im Sommer tagelang die Sonne, benötigen Insekten dringend Wasser - nicht nur um ihren Durst zu löschen. Wildbienen brauchen Wasser, um ihre Brutzellen aus feuchtem Lehm zu bauen. Honigbienen tragen Wasser in ihren Stock und verteilen es über den Waben. Gleichzeitig fächern sie mit ihren Flügeln Luft über die Brut und kühlen sie durch Verdunstung. Mit einer Insektentränke kann jeder Garten- und Balkonbesitzer die Insekten an heißen Tagen unterstützen. In einer flachen Schale werden Steine und etwas Moos verteilt und Wasser hineingefüllt. So haben die Insekten gute Landemöglichkeiten und können gefahrlos das Wasser aufnehmen.

SANDARIUM

Der Großteil aller Wildbienenarten und zahlreiche einzeln lebende Wespenarten nisten in sandigen Böden. Ein Sandarium im Garten wird von diesen Insekten daher gerne für den Nestbau angenommen. An einem sonnigen, trockenen Ort wird eine etwa 30 cm tiefe Sandfläche angelegt. Am besten eignet sich Sand mittlerer Körnung, der gut zusammenhält. Die Größe von einem halben Quadratmeter reicht für ein Sandarium völlig aus. Eingefasst mit Steinen und Totholz, ist es sehr dekorativ und mit etwas Glück kommen nicht nur Wildbienen zum Nestbau vorbei, sondern sogar eine Eidechse für ein Sonnenbad.

INSEKTENHOTEL

Auch Insektenhotels erfreuen sich in Gärten großer Beliebtheit. Hier wird Wildbienenarten, die in abgestorbenen Pflanzenstängeln oder in Löchern im Totholz nisten, ein passender Wohnraum angeboten. Beim Bau oder Erwerb eines Insektenhotels sollte aber unbedingt auf die richtige Materialauswahl und Verarbeitung geachtet werden, um den Tieren nicht zu schaden.

Ein einfaches Insektenhaus kann man auch ganz leicht selbst bauen. Dafür braucht man nicht viel: einen mindestens zwei Jahre alten Holzklotz eines Laubbaumes, ein Brett und eine Bohrmaschine mit Bohrern zwischen zwei und acht Millimetern Stärke - schon kann es losgehen. Zuerst werden Löcher mit ausreichendem Abstand in eine Seite des Holzklotzes gebohrt. Dabei muss immer ins Längsholz gebohrt werden, nie ins Hirnholz, da es sonst zu starker Rissbildung kommen kann. Die Löcher dürfen keinesfalls ausfransen, sonst bleiben die Flügel der Insekten hängen und reißen ein.

Im Anschluss wird ein Brett als Dach auf dem Holzklotz befestigt, damit kein Regenwasser in die Löcher laufen kann. Das Insektenhaus sollte an einem windgeschützten, sonnigen Ort aufgestellt werden. Damit keine Feuchtigkeit vom Boden eindringt, ist ein erhöhter Platz zu empfehlen. Wer ein aufwendiges Hotel bauen möchte, braucht neben einer fachgerechten Anleitung zusätzliche Materialien wie hohle und markhaltige Pflanzenstängel, Bambusstängel, gebrannten Ton und Lochziegel. Der Aufwand wird sich lohnen und eine Vielzahl von Insekten anlocken. Außerdem ist ein Insektenhotel ein toller Blickfang in jedem Garten.

NACHTFALTER - FLATTERHAFTE GESTALTEN IN DER DUNKELHEIT

Wenn die Dämmerung hereinbricht und sich die bunten, tagaktiven Schmetterlinge ein Versteck gesucht haben, flattern dunkle, weniger attraktive Falter durch die Nacht. Ihre Farben sind meist in Braun und Schwarz gehalten. Diese optimalen Tarnfarben schützen sie tagsüber, wenn sie - an Baumrinden oder Mauern gepresst - fast unsichtbar werden. Im Gegensatz zu den Tagfaltern brauchen Nachtfalter keine prächtigen Farben, um einen Partner zu finden. Die Weibchen geben nämlich Sexuallockstoffe in die Luft ab, um ein Männchen anzulocken. Diese besonderen Düfte kann der männliche Falter über große Entfernungen mit seinen gefächerten Fühlern aufnehmen und sich so auf den Weg zu seiner Angebeteten machen.

DÜFTE DER NACHT

Wenn der Mond aufgeht und alles im Dunkeln liegt, verströmen die „Nachtblüher" ihren betörenden Geruch. Nachtviole, Nachtkerze, Gemshorn, Levkojen, Nachtphlox und Nachtjasmin öffnen jetzt ihre Blüten und lassen ihren verführerischen Duft frei. Nachtfalter und andere nachtaktive Insekten werden in Scharen angelockt. Mit ihrem ausfahrbaren Rüssel erreichen die Nachtfalter auch den Boden sehr langröhriger Blüten, um den süßen Nektar aufzusaugen, und bestäuben diese ganz nebenbei. Da mehr als 80 Prozent aller Schmetterlinge zu den Nachtfaltern gehören, zählen sie zu den wichtigsten Blütenbestäubern.

KLEINE NACHTFALTERKUNDE

DER BUCHENSTRECKFUSS
(CALLITEARA PUDIBUNDA)

Mit seinen hellgrau gemusterten Flügeln, die durch dunkle Zacken-
binden verziert werden, sieht der Buchenstreckfuß wenig reizvoll aus.
Auch seine dicht behaarten Vorderbeine, die er in der Ruheposition
gerade nach vorne streckt, sind nicht gerade attraktiv.
Aber die Raupe ist ein echter Blickfang. Sie ist leuchtend
gelbgrün mit auffallend langen Haaren, die in der Körpermitte in
dichten Büscheln stehen. Am Körperende trägt die Raupe
einen orange-roten Haarpinsel, der steil nach oben
aufragt. Sehr schick!

DER KLEINE BÜRSTENSPINNER
(ORGYIA ANTIQUA)

Bei den Kleinen Bürstenspinnern sehen männliche und
weibliche Tiere extrem unterschiedlich aus. Das Männchen hat rostbraune Flügel mit zwei weißen, dunkel
umrandeten Flecken. Die Fühler sind gefiedert. Das
Weibchen dagegen hat stark zurückgebildete Stummel-
flügel und einen dicken, plumpen Körper. Sie ähnelt in
keiner Weise einem Schmetterling.
Die Raupe sieht dafür umso eindrucksvoller aus. Sie ist
schwarz gefärbt mit roten Punktwarzen, die je ein Haar-
büschel tragen. Auf der Körpermitte fallen dicke gelbe
Bürsten auf sowie ein kleiner schwarz-gelber
Pinsel am hinteren Ende.

DIE PFEILEULE *(ACRONICTA PSI)*

Die Pfeileule gehört zu den Eulenfaltern und ist in ganz
Europa zu Hause. Ihre Flügel sind silbergrau und erscheinen
schwarz überstäubt. Das schwarze Strichmuster erinnert an
kleine verzweigte Äste.

Die Raupe ist schwarz mit einem breiten gelben Rückenband.
Sie trägt lange schwarze Haare und an der Seite kleine oran-
gerote Querstriche. Besonders auffällig ist aber ein langer
schwarzer Dorn im vorderen Bereich des Körpers und ein
kleiner Fortsatz am hinteren Ende.

DER SCHWAMMSPINNER
(LYMANTRIA DISPAR)

Das Schwammspinner-Weibchen bildet ein
schwammartiges braunes Gewebe, in das sie bis
zu 500 Eier legt. Dieses Verhalten hat dem Falter
seinen Namen gegeben. Die Flügel des Männchens
haben eine grau-braune Farbe mit dunklen Zacken-
binden, das Weibchen ist deutlich heller.

Die Raupen des Falters sind schwarz mit blauen
und roten Warzen, die feine Haare tragen, zum Teil
auch Brennhaare. Sie haben einen enormen Appetit
und können bei massenhaftem Befall ganze Bäume
leer fressen.

GEFÄHRLICHER TANZ UMS LICHT

Wenn nachts Gartenlaternen und Straßenbeleuchtung die Dunkelheit erhellen, werden Nachtfalter magisch vom Licht angezogen. Ziellos flattern sie im Lichtkegel hin und her und ahnen nicht, dass sie in eine tödliche Falle geraten sind.

Nachtfalter nutzen Mond und Sterne als Lichtquelle zur Orientierung. So können sie ihre Flugrichtung konstant halten. Das helle, künstliche Licht unserer Lampen irritiert die Nachtfalter. Sie verlieren die Orientierung und flattern in wirren, endlosen Kreisbahnen um die Lampen herum. Sie verbrauchen viel Energie, werden kraftlos oder sterben oft in der heißen Lampe den Verbrennungstod.

FLEDERMÄUSE – LAUTLOSE JÄGER DER NACHT

Aber noch eine Gefahr lauert in der Nähe der Straßenlaternen. Fledermäuse werden von den Insekten, die wild im künstlichen Licht umherschwirren, magisch angezogen. Die Fledertiere sind wendige Flieger und erbeuten in geschickten Flugmanövern die orientierungslosen Motten, Mücken und Fliegen. Dafür verwenden sie ein kompliziertes Echoortungssystem. Sie stoßen Ultraschallwellen aus, die vom Körper der Insekten zurückgeworfen werden. Anhand dieser Reflexionen kann die Fledermaus neben der Entfernung des Insekts auch seine Fluggeschwindigkeit und sogar die Richtung, in die es sich bewegt, erfassen. Gezielt schnappt die Fledermaus mit ihren spitzen Zähnen zu. Das Insekt hat keine Chance.

MIT DEN OHREN SEHEN

Die Ohren der meisten Fledermausarten sind stark vergrößert und mit Furchen und Rillen ausgestattet. So können sie die Ultraschalllaute besser aufnehmen. Zudem haben Fledermäuse einen aktiv beweglichen Ohrdeckel, der der besseren Echoortung dient. Ihre Augen benutzen die Tiere dagegen kaum. Ihr Sehsinn ist im Gegensatz zu ihrem phänomenalen Gehör nur schlecht ausgebildet.

TAGAKTIVE NACHTFALTER
LIEBER SONNE STATT MOND

TAG- UND NACHTFALTER UNTERSCHEIDEN

Nicht alle Nachtfalter sind nur nachts aktiv. Die Tageszeit ist also kein eindeutiges Merkmal, um einen Tag- von einem Nachtfalter zu unterschieden. Es gibt aber dennoch einige Kennzeichen, die bei der Bestimmung weiterhelfen können: Die Fühler des Tagfalters sind am Ende keulenförmig verdickt, beim Nachtfalter dagegen sehen die Antennen aus wie Fächer. Nimmt ein Tagfalter auf einer Blüte Platz, stellt er seine Flügel aufrecht gegeneinander. Der Nachtfalter legt sie flach an seinen Körper an. Zu den bekanntesten tagaktiven Nachtfaltern gehören der Blutbär und das Taubenschwänzchen.

DER BLUTBÄR (*TYRIA JACOBAEAE*) – VORSICHT GIFTIG!

Dieser Nachtfalter fällt auf und das ist auch sein Ziel. Seine Vorderflügel tragen zwei rote Punkte und einen roten Strich am Rand, seine Hinterflügel sind leuchtend rot gefärbt. Mit seiner Warntracht will der Falter Feinde abschrecken. Genauso wie seine Raupen mit ihrer leuchtend gelb und schwarz geringelten Musterung, die so viel bedeutet wie: Fresst mich lieber nicht, ich bin giftig! Die Raupen ernähren sich nämlich nur vom Jakobs-Geiskraut, das giftige Stoffe - sogenannte Alkaloide - enthält. Dieses Gift lagert die Raupe lebenslang in ihrem Körper ein, es schadet ihr selbst nicht. Für ihre Fressfeinde sieht es allerdings anders aus. Für sie stellen sowohl die giftige Raupe als auch der giftige Falter eine große Gefahr dar.

VERWECHSLUNGSGEFAHR

Der Blutbär wird manchmal mit dem Widderchen verwechselt. Auch das Widderchen ist ein tagaktiver Nachtfalter und ähnlich gefärbt. Allerdings trägt es auf den schwarzen Flügeln rote Punkte. Deshalb wird es auch manchmal „Blutströpfchen" genannt. Wie der Blutbär ist das Widderchen giftig, denn sowohl die Raupen als auch die erwachsenen Tiere enthalten Blausäure und sind dadurch ungenießbar.

DAS TAUBENSCHWÄNZCHEN

(MACROGLOSSUM STELLATARUM)

SCHMETTERLING ODER KOLIBRI?

Das Taubenschwänzchen gehört zu den wenigen Schwärmern, die nicht nachtaktiv sind. Im Schwirrflug kann es direkt vor einer Blüte in der Luft stehen bleiben wie ein Kolibri. Seine Flügel bewegt es dabei so schnell, dass sie mit bloßem Auge nicht mehr sichtbar sind. Das Taubenschwänzchen wirkt etwas unruhig, denn es verweilt nie lange an einer Blume. Es kann in fünf Minuten über hundert Blüten besuchen. Seinen drei Zentimeter langen Saugrüssel rollt es schon im Anflug aus und trifft zielsicher in den tiefen Blütenkelch. Das Taubenschwänzchen kann sogar rückwärtsfliegen, falls die Blume während des Nektarsaugens im Wind wackelt.

DER HUMMELSCHWÄRMER

(HEMARIS FUCIFORMIS)

Auch der Hummelschwärmer ist ein tagaktiver Nachtfalter. Mit seinem dichten Pelz ähnelt er einer Hummel. Seine Flügel sind durchsichtig und nur der Außenrand ist rotbraun gefärbt. Wie das Taubenschwänzchen beherrscht der Hummelschwärmer den Schwirrflug perfekt. Mit 90 Schlägen in der Sekunde und einer Fluggeschwindigkeit von 80 Kilometern in der Stunde gehört er zu den schnellsten Schmetterlingen.

Nahrung für Schwärmer

Der Hummelschwärmer gehört zu den gefährdeten Arten, da seine bevorzugten Nektarpflanzen mehr und mehr aus unserem Landschaftsbild verschwinden. Wer in seinem Garten ein Beet mit Gewöhnlichem Seifenkraut, Phlox oder Flieder anpflanzt, kann - mit ein bisschen Glück - einen Blick auf diesen ausgefallenen Nachtfalter erhaschen.

TOLLE Hüpfer

DIE HEUSCHRECKE *(ORTHOPTERA)*
EINLADUNG ZUM SOMMERKONZERT

Sommerzeit ist Heuschreckenzeit. Läuft man durch die hohen, trockenen Wiesen, springen überall die sogenannten „Grashüpfer" auf. Der Name „Heuschrecke" leitet sich vom Wort „hochschrecken" ab. Und das können diese Tiere wirklich großartig. Ihr Sprungvermögen ist enorm. Durch die ruckartige Streckung der Hinterbeine kommt es zu einem explosionsartigen Sprung, dessen Weite mehr als die 30-fache Körperlänge des Insekts erreichen kann. Eine beeindruckende Leistung.

Mehr als 28 000 Heuschrecken-Arten gibt es weltweit, allein in Deutschland sind es über 80 Arten. Typisch für diese Insekten ist ihr zirpender Gesang. Wirklich singen kann die Heuschrecke allerdings nicht. Die Laute entstehen durch das Aneinanderreiben der Flügel oder der Beine. Man nennt dies „Stridulation". Sie dient der Kommunikation zwischen Heuschrecken einer Art. Der Gesang der Feldgrille ist besonders variantenreich. Mit unterschiedlichen Lauten wirbt das Männchen um das Weibchen, grenzt sein Revier ab oder sagt anderen Männchen den Kampf an.

Heuschrecken werden von Zoologen als „Halbumwandler" bezeichnet. Im Vergleich zu Libellen und Schmetterlingen verpuppen sich Heuschrecken nicht. Die Larven entwickeln sich durch zahlreiche Häutungen zum fertigen Grashüpfer. Den Zustand der Verpuppung gibt es bei den Heuschrecken also nicht.

WANDERHEUSCHRECKEN – DIE BIBLISCHE PLAGE

In afrikanischen Staaten schließen sich bestimmte Feldheuschreckenarten immer wieder zu großen Schwärmen zusammen. So ein Heuschreckenschwarm kann bis zu einer Milliarde Tiere umfassen und ganze Landstriche vernichten. Die gefräßigen Tiere vertilgen riesige Mengen an pflanzlichem Material und fügen der Landwirtschaft große Schäden zu.

DIE EUROPÄISCHE GOTTESANBETERIN

(MANTIS RELIGIOSA)

MÄNNCHEN, NEHMT EUCH IN ACHT!

DIE „LIEBE" VERWANDTSCHAFT

Die engsten Verwandten der Heuschrecken sind die Fangschrecken. Zu ihnen gehört auch die Europäische Gottesanbeterin, die in Deutschland nur noch selten vorkommt. Sie zählt zu den gefährdeten Arten. Besonders auffällig sind ihre Fangarme mit Widerhaken.

Wenn die Gottesanbeterin auf die Jagd geht, wartet sie regungslos auf ihre Beute, dazu gehören Heuschrecken, Grillen oder Waldschaben. Kommt ein Opfer in ihre Nähe, klettert sie mit schaukelnden Bewegungen näher. Sie sieht aus wie ein harmloses Blatt im Wind. Doch dann klappt sie blitzschnell ihre gefalteten Fangbeine aus und packt das kleine Insekt. Das Beutetier hat keine Chance und wird durch einen Genickbiss gelähmt. Ähnlich gefährlich leben auch die Männchen in der Nähe eines Weibchens. Gottesanbeterinnen sind nämlich Kannibalen. Während oder nach der Paarung werden die Männchen häufig vom Weibchen aufgefressen.

Nach der Begattung legt die Gottesanbeterin ihre Eier in eine Schaummasse, die an einem Halm befestigt ist und schnell erhärtet. In dieser sogenannten „Oothek" entwickeln sich gut geschützt bis zu 200 Eier.

IMMER PASSEND ANGEZOGEN

Mit jeder Häutung passt sich die Gottesanbeterin farblich an ihre Umwelt an. Ihre Farbvariationen reichen von Zartgrün bis Braun. In Brandgebieten können sie sogar eine fast schwarze Farbe annehmen. So sind sie für ihre Fressfeinde nahezu unsichtbar.

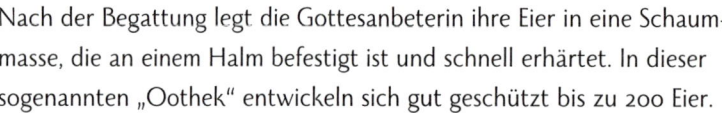

Extravagante Kopfbedeckung

Während in Deutschland keine
weitere Fangschreckenart außer der
Gottesanbeterin zu finden ist, leben
in südlichen Ländern Europas die
ähnlich aussehenden Haubenfang-
schrecken. Hier gibt es zwei Arten:
Eine lebt im westlichen, die andere
im östlichen Mittelmeerraum. Sie
unterscheiden sich kaum und fallen
besonders durch ihren hauben-
förmigen Fortsatz auf dem
Kopf auf.

VON DER SCHÖNHEIT DER NATUR

Um einmal wirklich allein zu sein, muss man sich so weit
wie möglich aus seinem Zimmer wie auch aus der Gesellschaft
zurückziehen. Ich bin nicht allein, wenn ich schreibe
und lese, obwohl niemand um mich ist. Aber wenn jemand
allein sein möchte, lass ihn in die Sterne schauen.
Die Lichtstrahlen, die aus den himmlischen Welten herkommen,
werden klären, wer er ist und was ihn berührt.
Man könnte denken, das Firmament sei so durchscheinend
geschaffen in genau dieser Absicht, dem Menschen
mit den Himmelskörpern die unendliche Gegenwart des
Erhabenen zu präsentieren ...

Die Sterne erwecken besondere Ehrfurcht, weil man
sie, obwohl sie immer da sind, nicht greifen kann.
Aber alle Dinge der Natur lösen ein ähnliches Gefühl
aus, wenn das Gemüt für ihre Wirkung offen ist. Die
Natur hat nie ein niederes Erscheinungsbild. Und auch
der klügste Mensch wird ihr niemals ihr Geheimnis abzwingen,
sondern seinen Wissensdrang aufgeben, sobald
er ihre ganze Vollkommenheit erkannt hat. Keinem weisen
Geist ist die Natur je zum Spielzeug geworden ...
Um offen zu sein, nur wenige Erwachsene können die
Natur sehen. Die meisten Menschen bemerken die Sonne
nicht. Jedenfalls haben sie nur eine sehr oberflächliche
Wahrnehmung. Die Sonne erhellt beim Erwachsenen lediglich
das Auge, aber sie scheint in das Auge wie in das
Herz eines Kindes.

Naturliebende sind Menschen, deren innere und äußere
Sinne noch wirklich miteinander im Einklang sind.
Sie haben das Gemüt der Kindheit bis ins Erwachsenenleben
bewahrt. Ihr Umgang mit Himmel und Erde wird
Teil ihrer täglichen Nahrung. In der Gegenwart der Natur
durchbebt sie wilde Freude, trotz realer Sorgen. Die Natur
sagt: Du bist mein Geschöpf und sollst jenseits deiner
sonstigen Kümmernisse mit mir fröhlich sein. Nicht nur
die Sonne und der Sommer, jede Stunde und Jahreszeit
bringt ihren Beitrag zur Freude; denn jede Stunde, jeder
Wechsel entspricht einem anderen Zustand des Gemüts
und setzt ihn frei, vom atemberaubenden Mittag bis zur
finstersten Mitternacht ...

Ich fühle, dass mir nichts im Leben zustoßen kann —
keine Schmach, kein Unglück (solange meine Augen mir
erhalten bleiben), das die Natur nicht heilen kann. Wenn
ich auf dem Erdboden stehe, meinen Kopf in der herrlichen
Luft bade und mich aufrichte zum unendlichen Universum —
dann schwindet jede gewöhnliche Selbstverliebtheit ...
Ich bin Liebender grenzenloser und unendlicher
Schönheit. In der freien Natur finde ich etwas Wertvolleres
und Verwandteres als in den Straßen der Stadt. In der
stillen Landschaft und vor allem in der fernen Linie des
Horizonts erblickt der Mensch etwas so Schönes wie seine
eigene Natur.

Ralph Waldo Emerson

DAS GROSSE Krabbeln

DER MARIENKÄFER *(COCCINELLIDAE)*
UNSTILLBARER APPETIT AUF BLATTLÄUSE

Jeder freut sich, wenn er ihn sieht - der Marienkäfer gilt als Glücksbringer. Am bekanntesten ist der „Siebenpunkt-Marienkäfer". Doch es gibt allein in Deutschland über 70
verschiedene Arten, weltweit sogar etwa 4500. Je nach Art können die Farben stark
variieren: rot mit schwarzen Punkten, schwarz mit roten Punkten, gelb mit schwarzen
Punkten, schwarz mit weißen Punkten und so weiter. Eines haben die vielen Marien-
käferarten aber alle gemeinsam: Sie haben Blattläuse zum Fressen gern.
Bis zu 150 Blattläuse frisst ein Marienkäfer an einem Tag und auch seine Larven haben
enormen Appetit auf die Pflanzensauger. In den drei Wochen bis zu ihrer Verpuppung
verspeist die Larve über 500 Blattläuse. Kein Wunder, dass der Marienkäfer auch den
Namen „Blattlauslöwe" hat. Im Garten sind Marienkäfer und ihre Larven daher gern
gesehene Gäste, denn sie sorgen auf ganz natürliche Weise für die Bekämpfung von
Schädlingen.
Marienkäfer sehen sehr niedlich aus. Aber wer sie auf die Hand nimmt, wird ein unan-
genehmes Wunder erleben. Bei Gefahr sondert der Käfer nämlich ein gelbliches Sekret
aus den Gelenkhäuten ab, das eklig riecht und giftige Stoffe enthält. Dieses Wehrsekret
soll Fressfeinde vertreiben, für uns Menschen ist es aber ungefährlich. Der Käfer hat zu
seinem Schutz noch einen weiteren Trick auf Lager. Er zieht seine Beine ein und stellt
sich tot - hoffentlich lässt der Feind nun von ihm ab!

Ein Punkt für jedes Jahr?

Die Punkte auf den Deckflügeln des Marienkäfers sind symmetrisch verteilt. Im Volksglauben sollen sie das Alter des Käfers angeben. Die Anzahl lässt aber lediglich darauf schließen, zu welcher Art der Marienkäfer gehört. Sie ändert sich nicht.

Marienkäfer überwintern immer in großen Gruppen – in Mauernischen, Laubhaufen oder Ritzen von Fensterrahmen.

DER FELDMAIKÄFER *(MELOLONTHA MELOLONTHA)*
NIEDLICHER HERR SUMSEMANN

Früher wurden sie von Kindern haufenweise gesammelt und waren oftmals eine wahre Plage. Tausende Maikäfer fielen über Bäume her und fraßen sie in wenigen Tagen kahl. In den 1950er-Jahren wurde ihnen mit Pestiziden der Garaus gemacht. Heute sieht man sie nur noch selten. Wenn es also im Mai laut brummt und ein dicker brauner Käfer in der Nähe landet, sollte man unbedingt aufmerksam sein und das niedliche Insekt genauer betrachten.

Der Maikäfer ist etwa 3 cm groß, mit rotbraunen Flügeldecken. Seitlich am Hinterleib fällt eine Reihe weißer, dreieckiger Flecken auf. Am schwarzen Kopf trägt der Käfer typische, fächerartige Fühler. Hier befinden sich etwa 50 000 Geruchsnerven, die dem Insekt helfen, paarungsbereite Weibchen aufzuspüren. Das Weibchen legt die Eier im weichen, sandigen Boden ab, wo nach 4 bis 6 Wochen die Larven schlüpfen, die sogenannten Engerlinge.

Engerlinge sind 5 bis 6 cm groß, weiß-gelblich mit einem raupenförmigen Körper, der c-förmig gekrümmt ist. Sie leben in unseren Breiten etwa vier Jahre im Boden und ernähren sich von Pflanzenwurzeln. Nach 3 Jahren verpuppen sich die Engerlinge im Herbst in einer selbst gebauten Erdhöhle, der Puppenwiege, und entwickeln sich zum Jungkäfer. Aber auch jetzt kommen sie noch nicht ans Tageslicht. Sie überwintern in etwa einem Meter Tiefe im Erdreich, bevor sie Anfang Mai aus dem Boden krabbeln.

Auf Kinder hatte der niedliche braune Brummer schon immer eine große Anziehungskraft. Früher wurde er je nach Aussehen in verschiedene Gruppen eingeteilt. Ein dunkler Käfer wurde „Schornsteinfeger" genannt. Ein weiß behaartes Exemplar war ein „Müller" und die seltene Variante mit rötlichem Kopf und Brustschild war ein „Kaiser". Was für eine Freude, wenn man so ein seltenes Exemplar gefunden hatte!

Der Junikäfer – ein Mini-Maikäfer

Sie sehen aus wie die kleinen Brüder der Maikäfer. Da sie im Juni umherfliegen, werden sie oft einfach Junikäfer genannt. Genau genommen handelt es sich hier um den Gartenlaubkäfer, der ganz besonders gern an den Blüten der Heckenrose knabbert. Er hat mit dem Maikäfer durchaus gewisse Ähnlichkeiten, denn er gehört auch zur Familie der Blatthornkäfer.

Jeder Baum, jede Hecke ist ein Strauß von Blüten,
und man möchte zum Maienkäfer werden,
um in dem Meer von Wohlgerüchen herumschweben
und all seine Nahrung finden zu können.

Johann Wolfgang von Goethe

DER GOLDGLÄNZENDE ROSENKÄFER

(CETONIA AURATA)

SCHMUCKSTÜCK IM BLUMENBEET

Wie ein Edelstein sieht der Goldglänzende Rosenkäfer aus. Seine Flügeldecken schillern metallisch grün-golden bis blauviolett. Im unteren Teil der Flügel sind weiße Flecken und Querrillen zu erkennen. Seine Unterseite ist rotgolden. Der Käfer hat es nicht eilig und verbringt viel Zeit auf großen Blüten, wo er genüsslich den süßen Nektar saugt und Pollen verspeist.

Der Rosenkäfer gehört wie der Maikäfer zur Familie der Blatthornkäfer. Seine Larven, die Engerlinge, entwickeln sich zwei Jahre in der Erde, bevor sie sich in einem Kokon aus totem Pflanzenmaterial verpuppen. Der fertige Käfer überwintert noch im Boden und gräbt sich erst im darauffolgenden Frühjahr aus der Erde.

Besonders außergewöhnlich ist das Flugbild des Rosenkäfers. Seine metallisch glänzenden Deckflügel sind nämlich zusammengewachsen und können beim Fliegen nicht ausgeklappt werden. Der Käfer schiebt daher die darunter liegenden häutigen Flügel durch einen seitlichen Spalt heraus und fliegt dann sehr geräuschvoll davon.

ENGERLING AUF DER FLUCHT

Die weißen, dicken Engerlinge von Rosenkäfer und Maikäfer sehen sich sehr ähnlich. Wenn man sie berührt, unterscheiden sie sich aber eindeutig in ihrer Fluchtbewegung. Die Maikäferlarve bleibt stark gekrümmt und bewegt sich seitlich. Die Larve des Rosenkäfers streckt sich und robbt auf dem Rücken mit wurmähnlichen Bewegungen fort.

Beliebter Nützling im Garten

Der Rosenkäfer gehört zu den besonders geschützten Arten. Im Vergleich zum Maikäfer ist er ein Nützling. Der Käfer verursacht keine Fraßschäden an Pflanzen. Seine Larven graben sich durch den Komposthaufen, wobei sie wertvollen Humus erzeugen.

NATÜRLICH GÄRTNERN
FÜR EINE BESSERE ZUKUNFT

Heutzutage wird es immer wichtiger, bei der Gartenarbeit auf Nachhaltigkeit und Naturschutz zu achten. Ein naturnaher Garten sollte vier wichtige Elemente enthalten: blühende Wiesen, Staudenbeete sowie heimische Sträucher und Laubbäume. Aber auch die Pflege erfordert viel Umsicht und auf einige Dinge sollte gänzlich verzichtet werden.

MÄHROBOTER – BITTE NICHT

Er ist praktisch und nimmt viel Arbeit ab. Aber in einem naturnahen Garten sollte ein Mähroboter unbedingt vermieden werden. Er ist vor allem in der Dunkelheit unterwegs und gefährdet nachtaktive Wildtiere wie den Igel, der durch die Mähmesser tödlich verletzt werden kann. Das ständige Mähen lässt kein Wildkraut mehr blühen. Die Wiese sieht zwar perfekt aus, ist für Insekten aber uninteressant.

Torf besser meiden

Gekaufte Blumenerde beinhaltet in vielen Fällen Torf, der aus Mooren gewonnen wird. Für den Abbau werden diese Lebensräume und mit ihnen seltene Tier- und Pflanzenarten für immer unwiederbringlich zerstört. Also, unbedingt auf torfhaltige Erde verzichten!

Kompost – das schwarze Gold

Wer einen Komposthaufen hat, kann nicht nur auf einfache Weise seinen Rasenschnitt, gejätetes Unkraut und Küchenabfälle entsorgen. Er stellt gleichzeitig auch den besten Humus für seinen Garten selbst her. Der Kompost enthält viele wertvolle Nährstoffe, da kann auf Dünger verzichtet werden. Ein Kompost schont neben Umwelt und Klima auch den Geldbeutel und schafft gleichzeitig noch eine Oase für die Engerlinge der Rosenkäfer, Tausendfüßler und zahlreiche weitere Insektenarten.

Regentonne – wertvolles Wasser sparen

Regenwasser kommt kostenlos vom Himmel gefallen. Wer an seiner Regenrinne eine Regentonne aufstellt, fängt das wertvolle Nass auf und kann es für das Wässern des Gartens verwenden. So werden wertvolles Trinkwasser und Kosten gespart.

Finger weg von der Giftspritze!

Pestizide bekämpfen nicht nur Schädlinge, sondern ungewollt auch die Nützlinge im Garten. Außerdem gelangt das Gift in die Nahrungskette und gefährdet unsere eigene Gesundheit. In einem naturnahen, pestizidfreien Garten leben zahlreiche nützliche Insekten wie Marienkäfer und ihre Larven, die Blattläusen den Kampf ansagen. In wilden Ecken fühlen sich Eidechsen, Igel und Spinnen wohl, die bei der Vernichtung von Schädlingen helfen.

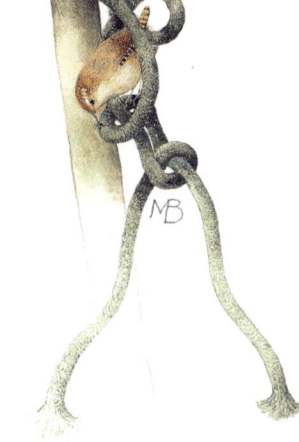

DER WALDMISTKÄFER *(ANOPLOTRUPES STERCOROSUS)*
STINKIGES FÜR DEN NACHWUCHS

Bei einem Spaziergang auf kleinen Waldwegen ist Aufmerksamkeit gefragt. Hier ist häufig der Waldmistkäfer unterwegs. Der schwarze Käfer schimmert metallisch blau-grün und ernährt sich hauptsächlich von Kot. Im Frühjahr bauen Männchen und Weibchen gemeinsam etwa einen halben Meter langen unterirdischen Gang. Hier herrscht strikte Arbeitsteilung. Während das Weibchen unter der Erde aktiv ist und den Stollen gräbt, schafft das Männchen die ausgeworfene Erde fort. Ist das Bauwerk vollendet, werden in die Kammer am Ende des Stollens kleine Kotklumpen eingebracht. Jeweils ein Ei legt das Weibchen in jede Dungkugel. Die Larve frisst die Kotkugel von innen her auf und überwintert sogar in diesem warmen Unterschlupf. Erst im folgenden Sommer schlüpft der fertige Käfer aus der Erde.

Der Tigerschnegel (Limas maximus)

Wer einen Tigerschnegel entdeckt, wird beeindruckt sein. Bis zu 20 cm lang und mit einem gefleckten Raubkatzenmuster ausgestattet, sieht er fast ein bisschen gefährlich aus. Das ist der Tigerschnegel natürlich nicht, nur für andere Nacktschnecken. Diese stehen nämlich neben totem Pflanzenmaterial und Pilzen auch auf seinem Speiseplan. Wer einen Tigerschnegel im Garten findet, kann sich also freuen, denn den nachtaktiven Salaträubern ist nun auf natürliche Weise der Kampf angesagt.

Rote Wegschnecke (Arion rufus)

Auf dem feuchten Waldboden fühlt sich auch die Rote Wegschnecke wohl. Als Nacktschneckenart trägt sie kein Gehäuse mit sich. Das Weichtier ernährt sich von frischen Pflanzen und Pilzen. Mit seiner Raspelzunge zerkleinert es die Nahrung und befördert sie in ihren Schlund. Die Rote Wegschnecke wurde inzwischen durch die eingeschleppte Spanische Wegschnecke weitgehend verdrängt und ist so selten geworden, dass sie kaum noch in unseren Gärten zu finden ist.

PILZE – EIN REICH FÜR SICH

Pilze gehören weder zu den Pflanzen noch zu den Tieren. Sie bilden ein eigenes Reich –
und zwar ein riesiges. Bisher wurden weltweit über 100 000 Arten beschrieben, wahr-
scheinlich sind es aber mehrere Millionen. Was wir als Pilz bezeichnen, ist eigentlich nur
sein Fruchtkörper. Er wächst meist oberirdisch und bildet Sporen. Der Fruchtkörper ist
nur kurz im Spätsommer und Herbst zu finden und erfreut die Herzen der Pilzsammler.
Die Fruchtkörper essbarer Pilzarten, wie Steinpilz, Pfifferling oder Maronenröhrling,
gelten als wahre Köstlichkeiten.
Der eigentliche Pilz befindet sich allerdings unter der Erde. Es handelt sich um ein feines
Wurzelgeflecht, das sogenannte Myzel, das sich unterirdisch über mehrere Quadratkilo-
meter ausbreiten kann. Dieses Geflecht umwickelt die Wurzeln der umstehenden Bäume
– so gehen Baum und Pilz eine Partnerschaft ein, die beiden Seiten nützt, eine Symbiose.
Der Pilz nimmt Nährstoffe und Wasser auf, die er dem Baum zuleitet. Der Baum versorgt
den Pilz umgekehrt mit wichtigen Nährstoffen wie Eiweiß, Zucker und Vitaminen. Dieses
Zusammenleben von Baum und Pilz nennt man „Mykorrhiza".
Zudem spielen Pilze noch eine weitere, sehr wichtige Rolle für unsere Umwelt. Sie zersetzen herabgefallene Blätter, Früchte und totes Holz. Dabei geben sie dem Boden wichtige
Nährstoffe zurück, die dann wieder von Pflanzen und Tieren genutzt werden können.
Deshalb sollten auch Fruchtkörper giftiger Pilze nicht mutwillig zerstört werden, damit
auch diese ihre Sporen verbreiten und für unser Ökosystem nützlich sein können.

DER HASELNUSSBOHRER (CURCULIO NUCUM)
MIT DEM RÜSSEL DURCH DIE NUSS

Im Herbst reifen die Nüsse des Haselstrauchs. Aber nicht in jeder Nuss ist ein leckerer Kern zu finden. Immer wieder haben Nüsse ein kreisrundes Loch in der Schale und sind innen leer. Wie konnte das geschehen? Hier war der Haselnussbohrer am Werk. Das Weibchen dieser Rüsselkäferart durchsticht im Frühling die noch weiche Nussschale und legt ein Ei an den Kern. Nach dem Schlüpfen befindet sich die Larve direkt neben ihrem Futter - wie praktisch! Langsam frisst sie die komplette Nuss auf, die durch den Befall zu Boden purzelt.

Ist der Kern aufgefressen, verlässt die Larve die Nuss. Dafür bohrt sie mit ihren Mundwerkzeugen ein kreisrundes ein bis zwei Millimeter großes Loch in die Schale und quetscht sich hindurch. Sofort gräbt sich die Larve ins Erdreich, um zu überwintern. Dort verpuppt sie sich und bleibt bis zu drei Jahre in diesem Stadium, bevor sie als fertiger Haselnussbohrer aus dem Boden schlüpft.

Tannenhäher (Nucifraga caryocatactes)

Haselnüsse sind auch beim Tannenhäher sehr beliebt. Er ist ein perfekter Nussknacker. Mit seinem langen, meißelartigen Schnabel hackt er die harte Schale problemlos auf, um an den schmackhaften Kern zu gelangen. Im Herbst sammelt der Vogel zahlreiche Nüsse und legt einen beträchtlichen Wintervorrat an. Mit seinem kräftigen Schnabel pickt er Löcher in den Boden und vergräbt die Nüsse darin. Ein Tannenhäher baut Tausende dieser Vorratslager. Den Großteil seiner Verstecke findet er im Winter sogar im tiefen Schnee wieder. Wie der Vogel sich alles merkt, weiß bisher keiner so genau.

DIE AMEISEN *(FORMICIDAE)*
DIE SCHNELLE AUFRÄUMTRUPPE

Eine Ameise kommt selten allein. Auf langen Straßen sind sie unterwegs, um Nahrung in ihr Nest zu schaffen. Denn eines haben die mehr als 14 000 weltweit beschriebenen Ameisenarten gemeinsam: Sie leben in riesigen Staaten zusammen, die aus mehreren Millionen Tieren bestehen können. Was für ein Gewimmel! Hier darf man nicht den Überblick verlieren.

Dabei helfen der Ameise neben der Orientierung am Lichteinfall auch noch Duftstoffe und ihr Tastsinn. Durch die Abgabe sogenannter Pheromone und das Berühren ihrer Fühler können die Tiere wichtige Informationen austauschen und ihre Artgenossen zu Nahrungsquellen führen.

Besonders eindrucksvoll ist die Zusammenarbeit der Ameisen, um große Beute ins Nest zu schaffen. Immer mehr Ameisen eilen herbei und ziehen in dieselbe Richtung. So können sie sogar eine Heuschrecke oder eine dicke Raupe, die um ein Vielfaches schwerer sind als sie selbst, ins Nest transportieren. Respekt!

DIE KLEINE GESUNDHEITSPOLIZEI

In Wald und Garten übernehmen Ameisen sehr nützliche Aufräumarbeiten. Sie entfernen tote Insekten und Aas. Schädlinge wie die Borkenlarven werden millionenfach in den Ameisenbau gebracht und an die Brut und die Königin verfüttert. So haben Ameisen eine wichtige Bedeutung beim Schutz unserer Wälder.

KUNSTWERK – AMEISENBAU

An sonnenbeschienenen Stellen am Waldrand bauen Ameisen ihr bis zu ein Meter hohes Nest. Es handelt sich hier nicht um einen wild zusammengetragenen Haufen. Nadeln, Erde, Pflanzenmaterial und Harz werden so zusammengefügt, dass ein stabiles Konstrukt entsteht, das tief in die Erde hinunterreicht. Durch die Sonneneinstrahlung und die Wärme, die beim Vermodern der Materialien entsteht, herrschen im Bau von Frühjahr bis Herbst immer 20 bis 30 Grad Celsius - ideal für die Aufzucht der Brut. Wird es zu warm, öffnen die Ameisen den Bau an einigen Stellen und sorgen für eine gute Durchlüftung.

Ameisen sind
die Leibspeise des
Grünspechts.

DER GRÜNSPECHT *(PICUS VIRIDIS)*
LACHENDER AMEISENSCHRECK

Der Ruf des Grünspechts klingt wie ein menschliches Lachen. Aber nicht nur durch seine auffällige Stimme macht der Specht auf sich aufmerksam. Auch sein Federkleid ist beeindruckend. Der Rücken des Vogels ist olivgrün und auf dem Kopf trägt er einen prächtigen roten Scheitel.

Im Gegensatz zu anderen Spechten klopft der Grünspecht nur selten. Kein Wunder, denn er sucht nicht - wie der Buntspecht - in der Baumrinde nach nahrhaften Insekten. Sein Glück findet er am Boden. Der Grünspecht hat sich nämlich auf Ameisen spezialisiert. Fleißig durchstöbert er die lockere Erde nach ihren Nestern. Hat er eines entdeckt, gibt es für die kleinen Krabbler kein Entrinnen mehr. Mit seinem kräftigen Schnabel hackt er die Erde auseinander und dringt mit seiner zehn Zentimeter langen, klebrigen Zunge tief in die Gänge des Nests ein. Die Ameisen haben kaum eine Chance - bis zu 2000 Stück verspeist der Specht an einem Tag.

EIN BAD IN DER SÄURE

Aber der Grünspecht frisst die Ameisen nicht nur, er nutzt sie auch noch für andere Zwecke. In regelmäßigen Abständen nimmt er ein Bad im Ameisenhaufen. Die aufgeregten Insekten verspritzen wie wild ihre Ameisensäure, um das Nest und ihre Nachkommen zu schützen. Genau das will der Grünspecht erreichen. Die scharfe Ameisensäure vertreibt nämlich Parasiten aus seinem Gefieder, man nennt diesen Vorgang auch „einemsen".

RUND UMS
kühle Nass

DER GELBRANDKÄFER *(DYTISCUS MARGINALIS)*
GEFÄHRLICHER RÄUBER UNTER WASSER

In den Flachwasserzonen des Gartenteichs fühlt sich der Gelbrandkäfer besonders wohl. Der über drei Zentimeter große Schwimmkäfer mit seiner gelb umrandeten Körperoberseite bewegt sich flink durch das Wasser. Hier helfen ihm seine Hinterbeine, die mit dichten Borsten besetzt sind und als Paddel genutzt werden.

An den Vorderbeinen trägt das Männchen Saugnäpfe, um sich bei der Paarung an das Weibchen zu klammern. Dieses legt bis zu 1000 Eier mit einem Legestachel in Wasserpflanzen ab. Dafür schlitzt es die Blätter seitlich auf und verschließt sie anschließend wieder mit einem Sekret. Die Larven sind - genauso wie der Käfer selbst - sehr gefräßige Räuber. Kaulquappen, Molchlarven, aber auch kleine Fische fallen ihnen zum Opfer.

Der Gelbrandkäfer ist perfekt an das Leben im Wasser angepasst, dennoch muss er regelmäßig auftauchen, um Luft zu holen. Dabei streckt der Käfer seinen Hinterleib über die Wasseroberfläche. Mit pumpenden Bewegungen nimmt er Luft in seine Atmungsorgane auf und sammelt einen Luftvorrat unter seinen Flügeln.

AUF ZU NEUEN UFERN

Der Gelbrandkäfer ist nicht nur ein ausgezeichneter Schwimmer, sondern auch ein sehr guter Flieger. Um neue Lebensräume zu erobern, fliegt er nachts oft kilometerweit. Die Wasseroberfläche erkennt er in der Dunkelheit an der spiegelnden Oberfläche. Dabei kann es aber auch zu Verwechslungen kommen und der Käfer landet auf dem Glasdach eines Wintergartens oder Gewächshauses - huch!

DIE KÖCHERFLIEGE *(TRICHOPTERA)*
WOHNRÖHRE IM ARTEIGENEN STIL

Am Grund von Gebirgsbächen und sauberen Fließgewässern ist ein ganz besonderes Insekt zu entdecken, allerdings ist das nicht einfach - seine Tarnung ist nämlich fabelhaft. Die Larve der Köcherfliege baut um ihren Körper eine Wohnröhre, einen sogenannten Köcher. Für das röhrenförmige Gebilde verwendet sie kleine Steinchen, Sandkörner und Schilfstückchen, die sie mit einem Spinnfaden zusammenklebt. Die Materialien und die Bauweise des Köchers sind je nach Köcherfliegenart verschieden.

Durch die Wohnröhre ist die Larve am Boden des Bachs kaum zu erkennen. So ist sie vor Fressfeinden gut geschützt und kann zudem nicht mit der Strömung weggespült werden. Da Kopf und Beine der Larve aus der Röhre herausragen, kann sie ihren Unterschlupf wie ein Schneckenhaus mit sich herumtragen.

Die Verpuppung der Köcherfliege findet auch unter Wasser in der Wohnröhre statt. Erst kurz vor dem Schlüpfen bewegt sich die Puppe an die Wasseroberfläche und das geflügelte Insekt schlüpft heraus. Im Gegensatz zu Schmetterlingen haben Köcherfliegen behaarte Flügel, also keine Schuppen, und besitzen auch keinen Saugrüssel.

ES MUSS NICHT IMMER EIN KÖCHER SEIN

Nicht jede Köcherfliegenart baut sich eine Wohnröhre. Manche leben frei im Wasser, andere in einem Tunnelsystem auf einem Stein und einige Arten bauen aus Spinnfäden ein Netz, das im Wasser driftet, um kleine Beutetiere zu fangen.

DER WASSERLÄUFER *(GERRIDAE)*
SCHNELLE FLITZER AUF DEM WASSER

Auf nahezu jedem Teich gleiten die wendigen Wasserläufer über die Wasseroberfläche. Dank feinster Härchen auf den Beinen nutzen sie die Oberflächenspannung des Wassers und bewegen sich darauf fort, ohne einzusinken. Dabei können sie Geschwindigkeiten von bis zu 1,5 Meter pro Sekunde erreichen und bis zu 40 Zentimeter weit springen. Sobald ein unvorsichtiges Insekt auf die Wasseroberfläche plumpst, spürt der Wasserläufer die dadurch ausgelösten Wellenbewegungen und ist in Windeseile zur Stelle. Mit seinen kurzen Vorderbeinen packt er seine Beute und saugt sie aus. Mit den anderen beiden Beinpaaren bewegt er sich vorwärts, wobei die mittleren Beine kräftig anschieben und die hinteren Beine in die richtige Richtung steuern.

X-Beine

Das mittlere und hintere Beinpaar des Wasserläufers sind angeordnet wie ein X. So wird das Gewicht des Insekts optimal verteilt und von der Oberflächenspannung des Wassers getragen.

Man sollte Anteil nehmen
an der Freude, der Schönheit,
der Farbigkeit des Lebens.

Oscar Wilde

DER RÜCKENSCHWIMMER (NOTONECTIDAE)
EINE BIENE IM WASSER

Knapp unter der Wasseroberfläche schwimmt der Rückenschwimmer – wie könnte es anders sein – auf dem Rücken. Das hat auch einen Grund: Da diese Wasserwanzenart auf der Bauchseite ihren Luftvorrat speichert, ist es dem Tier nicht möglich, sich im Wasser umzudrehen. An seinen langen Hinterbeinen befinden sich Schwimmhaare, die sich beim Rückschlag abspreizen. So kann der Rückenschwimmer kräftig rudern und kommt rasch voran.

Obwohl der Rückenschwimmer fast nur im Wasser lebt, hat er dennoch vollständig ausgebildete Flügel. Diese benötigt er, um neue Teiche oder Tümpel zu finden. Dafür klettert er aus dem Wasser und fliegt, wenn seine Flügel getrocknet sind, ziemlich gut und weit bis zu einer geeigneten Wasserstelle.

Rückenschwimmer ernähren sich hauptsächlich von kleinen Insekten. Hier wenden sie einen Trick an. Reglos verharren sie knapp unter der Wasseroberfläche und warten, bis eine Fliege ins Wasser fällt. Das arme Ding zappelt natürlich wie verrückt und löst so kleine Wellen auf dem Wasser aus. Diese Vibrationen spürt der Rückenschwimmer und eilt herbei. Mit den Vorder- und Mittelbeinen packt er das Insekt, zieht es unter Wasser und saugt es aus.

Der Rückenschwimmer wird im Volksmund auch „Wasserbiene" genannt, da er empfindlich stechen kann. Man sollte also tunlichst vermeiden, ihn anzufassen.

DER WASSERSKORPION *(NEPA CINEREA)*
SCHNORCHEL AM PO

Zwischen Pflanzen im flachen, schlammigen Wasser fühlt sich der Wasserskorpion wohl.
Eigentlich handelt es sich hier nicht um einen Skorpion, sondern um eine Wasserwanze.
Sein ungewöhnliches Aussehen hat dem Wasserskorpion seinen Namen gegeben. Das
vordere Beinpaar hat sich zu Fangbeinen umgebildet und an seinem Hinterleib befindet
sich ein Atemrohr, das aussieht wie ein Stachel - fast wie bei einem Skorpion.
Über dieses Atemrohr kann der Wasserskorpion Luft holen, um zu atmen. Dabei hängt er
kopfabwärts unter der Wasseroberfläche und streckt sein Hinterteil nach oben. Damit er
nicht ständig zum Boden des Gewässers absinkt, befindet sich unter seinen Flügeln eine
Luftblase. Auch wenn das Atemrohr gefährlich aussieht - piksen kann er damit nieman-
den, es ist völlig ungefährlich.

Hoch den Po!
Der Wasserskorpion hat eine Art Schnorchel
am Po, mit dem er Luft holen kann.

DIE WASSERSPINNE *(ARGYRONETA AQUATICA)*
LEBEN IN EINER LUFTBLASE

Es ist unglaublich, aber es gibt eine Spinnenart auf der Welt, die nicht an Land lebt, sondern unter Wasser. Damit dies möglich ist, baut die Wasserspinne ein dichtes Netz unter Wasser. Dorthin transportiert sie den Sauerstoff, den sie zum Atmen benötigt.

Das schafft sie durch einen schlauen Trick. Sie streckt ihre Hinterbeine aus dem Wasser und zieht sie dann ruckartig nach unten. In den Haaren an den Beinen bleibt eine Luftblase hängen, die sie zu ihrem Netz hinabtransportiert und dort abstreift. Diesen Vorgang wiederholt sie einige Male.

So entsteht eine Art „Taucherglocke", in der die Spinne fast ihre ganze Lebenszeit verbringt. Hier frisst sie, paart sich, legt ihre Eier ab und wartet auf Beutetiere wie Flohkrebse oder Wasserasseln. Währenddessen kann die Wasserspinne ganz entspannt sein. Sie hat nämlich mehrere Signalfäden zwischen den Pflanzen und ihrem Netz gespannt.

Sobald ein Wassertierchen einen Faden berührt und dieser wackelt, hat die Stunde der Wasserspinne geschlagen. Eilig klettert sie am Signalfaden entlang, packt die Beute und schleppt sie in ihre Luftblase. Dort kann sie ihr Opfer in aller Ruhe aussaugen.

Vorsicht, bissig!

Wer das Glück hat, eine Wasserspinne zu entdecken, sollte sie nur betrachten und niemals anfassen. Sie gehört nämlich zu den Spinnenarten, die durch die Haut hindurchbeißen können. Das ist zwar nicht gefährlich, aber ziemlich schmerzhaft – ähnlich wie bei einem Wespenstich.

DER GARTENTEICH –
EIN WASSERPARADIES

Eine Wasserstelle im Garten ist immer ein großer Gewinn. Zahlreiche Tierarten werden vom kühlen Nass angezogen oder leben darin. Nicht nur für viele Insektenarten ist das Biotop ein Paradies, auch für Frösche, Kröten und Molche. Sobald allerdings Fische in den Teich eingesetzt werden, haben es Amphibien schwer. Laich und Kaulquappen sind ein Festessen für Goldfische und Kois.

Bei der Anlage eines naturnahen Teichs muss auf einiges geachtet werden, um möglichst vielen Tieren einen geeigneten Lebensraum zu schaffen.

Der Teich sollte auf jeden Fall tief genug sein, sodass er im Winter nicht bis zum Boden einfrieren kann. Larven und Frösche überwintern nämlich im Schlamm am Grund des Teiches und würden die kalte Jahreszeit sonst nicht überleben.

Der Teich sollte nicht zu schnell tief werden. Zwischen den Pflanzen in der Flachwasserzone fühlen sich Frösche und Molche besonders wohl. Vögel können hier ein ausführliches Bad nehmen, Bienen nehmen Wasser zur Kühlung ihrer Waben auf und Igel kommen zum Trinken ans Wasser. Eine üppige Bepflanzung des Biotops macht es nicht nur zum Blickfang für den Gartenbesitzer, sondern schafft einen geeigneten Lebensraum für viele Tiere. Seerosen blühen nicht nur prächtig, ihre Blätter sind beliebte Landeplätze für Libellen. Zusätzlich bieten sie Tieren, die unter Wasser leben, Schatten und Versteckmöglichkeiten. Gräser und Schilfhalme sehen nicht nur dekorativ aus. An ihnen klettern Libellenlarven empor, um aus ihrer Haut zu schlüpfen. Unterwasserpflanzen sorgen für sichere Schlupfwinkel, aber auch für geringeres Algenwachstum, eine gute Sauerstoffversorgung des Teiches und klares Wasser. Ein Teich ist immer ein Lieblingsplatz – für Mensch und Tier!

VERKANNTE

Genies

DIE OHRWÜRMER *(DERMAPTERA)*
HINGEBUNGSVOLLE BRUTPFLEGER

Dieses Insekt hat viele verschiedene Namen: Ohrwurm, Ohrenkneifer oder Ohrenkriecher, dabei kriecht es weder in die Ohren eines Menschen noch kneift es hinein. Seine Zangen am Hinterleib sind für uns völlig harmlos. Der Ohrwurm braucht sie zur Verteidigung oder um kleine Beutetiere wie Blattläuse zu packen. Seinen ungewöhnlichen Namen verdankt er wohl einem Aberglauben. Früher wurde das Insekt nämlich gesammelt und zu Pulver gestampft. Dieses sollte als Medizin gegen Taubheit und Ohrenschmerzen helfen.

Weltweit gibt es etwa 2000 verschiedene Ohrwurmarten - auf allen Kontinenten außer Antarktika sind sie zu finden. Ohrwürmer sind dämmerungs- und nachtaktiv. Tagsüber begegnen wir ihnen nur zufällig, wenn wir einen Stein hochheben oder herabgefallenes Laub wegschieben. An feuchten, dunklen Orten fühlen sich Ohrwürmer nämlich am wohlsten. Sie ernähren sich am liebsten von Pflanzenmaterial, manche Arten auch von Aas oder kleinen Insekten.

Ohrwürmer kümmern sich außergewöhnlich sorgfältig um ihre Eier, die sie in kleinen Bodenröhren ablegen. Sie halten sich immer in der Nähe des Geleges auf, reinigen es, sortieren kranke Eier aus und beschützen die frisch geschlüpften Ohrwürmer vor Fressfeinden. So viel elterliche Fürsorge ist für Insekten sehr ungewöhnlich.

Lebender Waldboden

Nicht nur für Ohrenkneifer ist der Waldboden ein absoluter Wohlfühlort. Unter abgestorbenem Holz oder verrottendem Laub verstecken sich unzählige Tiere: Kellerasseln, Hundert- und Tausendfüßer, Springschwänze, Würmer, Larven, verschiedenste Käfer, Pilze und Bakterien. Sie alle zerkleinern, zersetzen und verdauen die abgestorbenen Pflanzenmaterialien auf dem Waldboden, bis am Ende nährstoffreicher Humus entsteht – der beste Dünger der Welt!

DIE FLIEGE *(BRACHYCERA)*
KLEBSTOFF AN DEN FÜSSEN

Beliebt sind Fliegen nicht gerade, wenn sie um unseren Kopf schwirren oder gar auf unserem Teller herummarschieren. Dennoch besitzen sie einige faszinierende Fähigkeiten, allen voran ihre phänomenalen Flugküste. Mit bis zu 330 Flügelschlägen in der Sekunde erreichen sie Fluggeschwindigkeiten von bis zu 10 Kilometer pro Stunde, gepaart mit einer Wendigkeit, mithilfe derer sie kinderleicht jedem Feind entkommen können. Besonders eindrucksvoll ist aber, wie mühelos Fliegen an der Decke oder auf glatten Oberflächen wie Spiegeln und Fensterscheiben laufen können. Ihre behaarten Füße sondern einen Flüssigkeitsfilm ab, der wie eine Art Klebstoff wirkt und verhindert, dass das Insekt von der Wand fällt.

Fliegen gelten allerdings auch als Krankheitsüberträger. Da Kot und verwesende Materialien zu ihrer Nahrung zählen, können sie krankmachende Keime auf den Menschen übertragen. Von unserem Essen sollten wir sie also lieber verscheuchen, auch wenn wir kaum eine Chance haben, sie zu erwischen.

DIE STINKMORCHEL *(PHALLUS IMPUDICUS)*
EIN BELIEBTER FLIEGEN-TREFFPUNKT

Es ist wirklich ein ziemlich unangenehmer Gestank, den die Stinkmorchel verbreitet, und auch ihr Aussehen ist ungewöhnlich. Zuerst bildet sich eine kugelige Knolle, die auch „Hexenei" genannt wird. Aus dieser wächst ein etwa 20 Zentimeter weißer Stiel mit einem wabenförmigen Hut. Die Kappe ist überzogen mit einer olivgrünen, schleimigen Masse, die einen intensiven Aasgeruch verströmt.

Davon werden Fliegen und Aaskäfer magisch angezogen. Innerhalb von wenigen Stunden fressen die Insekten den grünlichen, zuckerhaltigen Schleim, die sogenannte „Gleba", auf. Das war das Ziel des Pilzes. In der gallertigen Masse sind massenhaft Sporen enthalten, die die Fliegen durch ihre Ausscheidungen weiterverbreiten.

Ausgewachsen gilt der Pilz als ungenießbar. Da er wie ein totes Tier riecht, würde wohl auch kein Pilzsammler darauf kommen, ihn zu essen. Anders sieht es mit dem Hexenei aus. Dünn aufgeschnitten und angebraten wie Bratkartoffelscheiben, gilt die Knolle sogar als Delikatesse.

Der Fruchtkörper der Stinkmorchel wächst innerhalb weniger Stunden - meist frühmorgens oder spätabends - aus der Knolle. Das passiert mit einer rekordverdächtigen Geschwindigkeit. Bis zu zwei Millimeter schafft der Pilz in einer Minute. Sehr beeindruckend!

Betrachtet der Mensch die Natur und das Leben
mit einer für das Schöne empfänglichen Seele,
offenen Auges und ohne Eigennutz,
dann werden sie ihm auch viel Vergnügen bereiten.

Alexander Iwanowitsch Herzen

DIE GRÜNE STINKWANZE *(PALOMENA PRASINA)*
DOPPELSTROHHALM ALS SAUGRÜSSEL

Das Sommerkleid der Stinkwanze ist leuchtend grün. Im Herbst verändert sich ihre Farbe temperaturgesteuert in ein Rotbraun. Wie praktisch! So ist sie immer bestens an ihre Umgebung angepasst. Sollte die Wanze dennoch von einem Fressfeind entdeckt werden, sondert sie aus Stinkdrüsen am Hinterleib ein übel riechendes und zudem noch lang anhaftendes Sekret ab. Pfui, da vergeht jedem der Appetit! Und wir sollten die Wanze lieber nicht anfassen, sonst riechen die Finger ganz schön unangenehm!
Stinkwanzen ernähren sich von Pflanzen, besonders gerne mögen sie Himbeeren und Brombeeren. Sie bohren ihren Saugrüssel, der aus zwei dünnen Röhren besteht, in die Frucht. Über das eine Röhrchen wird ein Verdauungssaft in die Pflanze geleitet, um sie zu zersetzen. Über die andere Röhre wird der Nahrungsbrei wieder aufgesaugt. Der Wanzenspeichel schmeckt ziemlich bitter – das merken wir sofort, wenn wir eine Beere essen, an der schon einmal eine Stinkwanze gesaugt hat.

Im Frühling klebt die weibliche Stinkwanze ihre Eier an die Unterseite eines Blattes. Nach dem Schlüpfen sitzen die jungen Wanzen, die sogenannten Nymphen, also bereits direkt auf ihrer Nahrung und können es sich gleich schmecken lassen.

DIE SKORPIONSFLIEGE *(PANORPA COMMUNIS)*
STUNDENLANGER LIEBESAKT

Ungewöhnlicher geht es kaum - wer die Skorpionsfliege auf einer Wiese oder am Wegesrand entdeckt, wird erst einmal staunen. Die Mundwerkzeuge sehen aus wie ein lang gezogener Schnabel. Der Körper ist schwarz-gelb gemustert und die Flügel sehen aus wie ein Netz mit dunklen Flecken. Besonders eindrucksvoll ist aber das Begattungsorgan des Männchens. Es ist zangenartig und nach oben gekrümmt, ähnlich wie der Stachel eines Skorpions.

Hat das Männchen es geschafft, ein Weibchen anzulocken, überreicht er ihm zuerst ein Nahrungsbröckchen als „Hochzeitsgeschenk". Solange das Weibchen die leckere Gabe verzehrt, packt das Männchen mit seinem zangenartigen Begattungsorgan den Hinterleib der Angebeteten. Die Paarung kann bis zu zwei Stunden dauern, je nachdem wie viele Geschenke das Männchen hervorzaubert.

Die Skorpionsfliege ernährt sich von schwachen und toten Insekten. Aber manchmal geht sie auch zum Nachbarn, um zu klauen. Da sie hervorragend klettern kann, stattet sie Spinnennetzen einen Besuch ab und schnappt sich Beutetiere, die sich in den Fäden verfangen haben. Ganz schön clever!

DIE GARTENKREUZSPINNE

(ARANEUS DIADEMATUS)

HAUCHZARTE NETZE, STÄRKER ALS STAHL

Geduldig wartet die Gartenkreuzspinne in einem Versteck nahe ihres kunstvoll gesponnenen Netzes auf Beute. Ihre typische Zeichnung auf dem Hinterleib ist dabei gut zu erkennen. Vier längliche Flecken und ein kreisförmiger Punkt in der Mitte ergeben das weiße Kreuz, dem die Spinne ihren Namen verdankt.

Die Spinne ernährt sich von Insekten wie Mücken, Fliegen, Bienen und Hummeln, die sich in ihrem Netz verfangen. Sobald die armen Opfer in den Spinnfäden zappeln, spürt die Spinne die Vibrationen an ihrem Signalfaden und eilt herbei. Sie packt das Insekt und dreht es schnell mit ihren Beinen. Gleichzeitig umwickelt sie es mit ihren Spinnfäden zu einem gut verschnürten Paket. Jetzt beißt die Spinne in das Insekt, betäubt es und spuckt einen Verdauungssaft in das Tier. Schon nach kurzer Zeit ist der Körperinhalt der Beute verflüssigt und kann von der Kreuzspinne aufgesaugt werden. Die Körperhülle lässt sie zurück, da sie kaum verdaulich ist.

Obwohl die Spinnenseide hauchzart ist, wird sie nicht durchtrennt, wenn ein Insekt mit voller Wucht ins Netz fliegt. Die Fäden können bis auf ihre dreifache Länge gedehnt werden, ohne zu reißen. Bezogen auf ihre Masse, sind die Seidenfäden viermal so belastbar wie Stahl und trotzdem so zart wie ein Lufthauch.

KLEINE SPINNENNETZKUNDE

Wenn wir an ein Spinnennetz denken, sehen wir das typische Radnetz der Gartenkreuzspinne vor uns. Aber es gibt noch viele andere Netzarten, wie die Baldachinnetze, die im Morgentau wie kleine Vorhänge auf der Wiese glitzern, oder Trichternetze, die wie eine Röhre aussehen und zur Falle für vorbeikrabbelnde Insekten werden. Tropische Spinnen gehen mit Wurfnetzen auf die Jagd und Lasso-Spinnen fangen ihre Beute mit einem Fangfaden, an dessen Ende eine klebrige Schleimkugel hängt.

DIE WESPENSPINNE *(ARGIOPE BRUENNICHI)*
STREIFENMUSTER UND ZICKZACK-FÄDEN

Steht die Sonne im Spätsommer tief und leuchtet schräg über die Wiesen, sind sie gut zu sehen. Die Netze der Wespenspinne, die etwa einen halben Meter über dem Boden an langen, stabilen Grashalmen befestigt sind. Genauso wie die Kreuzspinne fertigt sie Radnetze an, allerdings mit einer Besonderheit. Senkrecht zur Netzmitte ist ein kräftiges, zickzackförmiges Gespinstband zur Stabilisierung eingearbeitet.

Aber viel auffälliger als ihr Netz ist die Wespenspinne selbst. Während das hellbraune Männchen unscheinbar und sehr klein ist, zieht das Weibchen alle Blicke auf sich: Es ist 25 Millimeter groß und hat einen gelb-weiß-schwarz gestreiften Hinterleib – aus diesem Grund wird sie auch Tigerspinne genannt.

Im Hochsommer ist Paarungszeit bei den Wespenspinnen. Das kleine Männchen zupft unablässig am Netz des Weibchens, um auf sich aufmerksam zu machen. Ist das Weibchen interessiert, erhebt es sich und das Männchen darf zur Begattung unter den Körper der Angebeteten kriechen. Leider ist das Weibchen sehr kannibalistisch veranlagt. Die meisten Männchen werden nach der Paarung verspeist, aber wenigstens ist die Nachkommenschaft gesichert.

Die Wespenspinne fängt hauptsächlich Heuschrecken, die
durch die Wiese springen und sich
in ihrem Netz verheddern. Aber
auch Bienen, Wespen und Schmetterlinge gehören zu ihren
Beutetieren.

DIE VERÄNDERLICHE KRABBENSPINNE

(MISUMENA VATIA)

FASZINIERENDER FARBWECHSEL

Nicht jede Spinne baut ein Netz, um Beutetiere zu fangen. Die Veränderliche Krabbenspinne setzt auf einen anderen Trick. Das Weibchen dieser Spinnenart kann - ähnlich
wie ein Chamäleon - seine Körperfarbe verändern und sich so perfekt an seinen Unter-
grund anpassen. Es verfärbt sich weiß, grün oder gelb und ist so auf Blüten entsprechen-
der Farbe für andere Insekten nahezu unsichtbar.

Nähert sich eine Fliege oder Biene der Blume, um sie zu bestäuben, ahnt sie nicht, dass
die Spinne dort schon auf der Lauer liegt. Blitzschnell packt die Spinne mit ihren langen,
krabbenartigen Vorderbeinen zu. Dabei hält sie das Insekt so weit von sich, dass sie
nicht gestochen werden kann. Mit ihrem giftigen Biss tötet die Spinne ihr Opfer und
saugt es aus.

Bei der Veränderlichen Krabbenspinne sehen Männchen und Weibchen so unterschiedlich
aus, dass man sie für zwei verschiedene
Arten halten könnte. Das Männchen
ist noch nicht einmal halb so groß
wie das Weibchen. Sein Vorder-
körper ist schwarz, der Hinter-
körper weiß mit zwei dunklen
Streifen. Es kann seine Farbe nicht
verändern.

Die Veränderliche Krabbenspinne lauert besonders gern auf Korb- oder Doldenblütlern ihrer Beute auf. Farblich angepasst kann sie sich hier besonders gut verstecken.

DAS JAHR
geht zu Ende

C-Falter trinken gerne Beerensaft, aber auf dem Boden liegendes Obst ist auch nach ihrem Geschmack.

Fallobst zieht auch andere Schmetterlinge, wie hier den Admiral, magisch an.

STREUOBSTWIESE –
OBSTANBAU WIE
ANNO DAZUMAL

Wiesen mit verstreut stehenden Obstbäumen unterschiedlichster Sorten
und Arten sind unter dem Namen Streuobstwiesen bekannt.
Im Frühling erfreuen sie uns mit
ihrer weiß-rosa Blütenpracht und im
Herbst mit ihren saftigen Früchten. Diese traditionelle Form des Obstan-
baus hatte im 19. Jahrhundert große Bedeutung. Heute wird sie von intensiven, modernen Obstplantagen mehr und mehr verdrängt.
Dabei haben Streuobstwiesen für den Vogel- und Insektenschutz heutzutage wieder eine
große Bedeutung erlangt. Auf dem Boden unter den Bäumen blüht eine Vielzahl von
Wiesenkräutern, aber auch die Bäume mit ihren Blüten und Früchten ziehen Unmengen
von Insekten, Spinnentieren, Amphibien, Reptilien und Vögeln an. Säugetiere wie Garten-
und Siebenschläfer, Igel, Fledermaus, Feldmaus und Feldhase haben hier ein Zuhause.
Bis zu 5000 verschiedene Tierarten wohnen in der Streuobstwiese oder finden dort ihre
Nahrung.
Durch den Rückgang der Streuobstwiesen gehen nicht nur alte, regionale Obstsorten
verloren. Sie sind auch die Lebensgrundlage zahlreicher
heimischer Tier- und Pflanzenarten. Die Umwandlung
ungenutzter Grünflächen in Streuobstwiesen unter-
stützt die Artenvielfalt und schafft gleichzeitig eine
besondere Landschaft, die zudem noch wunderschön
anzusehen ist.

GARTENPFLEGE IM HERBST

Im Herbst werden die Nächte kühler, der erste Bodenfrost überzieht die Wiese mit Raureif und bei jedem Windstoß rieseln bunt gefärbte Blätter zu Boden. Nun wird es Zeit, den Garten für den Winter vorzubereiten. Dabei sollte aber auch an die vielen Tiere gedacht werden, die jetzt nach sicheren und frostfreien Verstecken suchen, um zu überwintern. Ein perfekt aufgeräumter Garten bietet ihnen weder einen Unterschlupf noch Nahrung. Dabei ist es ein Leichtes, den Tieren in der kalten Jahreszeit zu helfen.

Sträucher mit Beeren, Stauden und die Samenstände verblühter Blumen bieten hungrigen Vögeln leckeres Futter. In hohlen Pflanzenstängeln überwintern Insekten. Mit dem Rückschnitt sollte daher bis zum Frühjahr gewartet werden. Sollten doch Reisig und Holz beim Zurückschneiden anfallen, können sie in einer ruhigen Ecke des Gartens aufgeschichtet werden. So entsteht ein beliebter Unterschlupf für Igel, um zu überwintern. Aber auch Eidechsen und Kröten finden hier ein sicheres Versteck.

FINGER WEG VOM LAUBSAUGER

Der Laubsauger bläst Blätter und Äste mit Luftstößen von bis zu 220 Kilometer pro Stunde vor sich her. Insekten und Kleintiere werden davongewirbelt, die schutzbietende Deckschicht am Boden wird weggepustet und Pflanzensamen werden zerstört. Ohne die welken Blätter gelangen keine Nährstoffe in den Boden zurück, die Humusbildung wird so stark reduziert.

Bei Arbeiten mit Rechen und Harke werden die Insekten verschont. Wer das Laub in Beete und unter Büsche kehrt, hilft nicht nur den Tieren, sondern schützt außerdem die Wurzeln der Pflanzen vor der Kälte.

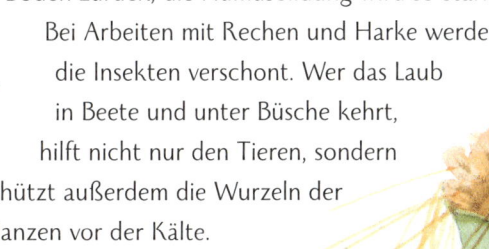

Ein liebevoll gestaltetes Herbarium bringt
Sommertage ins Gedächtnis zurück.

DER WINTER – STILLE DER NATUR

Im Winter kommt die Natur zur Ruhe. Schnee bedeckt den Boden, die Büsche tragen weiße Hauben und Eiskristalle glitzern an den Ästen der Bäume. Tief eingegraben im Boden oder versteckt unter Laub, in Ritzen, Spalten und hohlen Stängeln der Staudengewächse haben sich die Insekten zurückgezogen. Vor der Kälte geschützt überdauern sie hier die vierte Jahreszeit.

Wer sich jetzt an die üppige Blütenpracht des Sommers erinnern möchte, muss schon ein wenig vorgesorgt haben. Das Durchblättern eines selbst gestalteten Herbariums im Winter ist fast wie ein Spaziergang durch den Garten und ruft sonnige Stunden im Grünen ins Gedächtnis zurück.

HERBARIUM – ERINNERUNGEN AN DEN SOMMER

Ein Herbarium ist eine Pflanzensammlung. Dafür werden Blühpflanzen und Kräuter gepresst und anschließend auf einen stabilen Papierbogen geklebt. Die Beschriftung kann sehr wissenschaftlich sein oder das Buch wird ein Liebhaberstück – mit passenden Gedichten und Erinnerungen an den Sommertag, an dem die Blume gepflückt wurde. Bei der Gestaltung sind der Fantasie keine Grenzen gesetzt. Aber eines ist gewiss: Das Herbarium hält auch im Winter die Erinnerung an den blühenden Garten wach.

Die frisch gepflückten Pflanzen werden zwischen saugfähiges Papier gelegt und in einem schweren Buch gepresst.

141

Die meisten Menschen wissen gar nicht,

wie schön die Welt ist und wie viel Pracht

in den kleinsten Dingen, in irgendeiner Blume,

einem Stein, einer Baumrinde oder einem Birkenblatt

sich offenbart. Die erwachsenen Menschen,

die Geschäfte und Sorgen haben und sich mit

lauter Kleinigkeiten quälen, verlieren allmählich ganz

den Blick für diese Reichtümer, welche die Kinder,

wenn sie aufmerksam und gut sind, bald bemerken

und mit dem ganzen Herzen lieben.

Und doch wäre es das Schönste,

wenn alle Menschen in dieser Beziehung

immer wie aufmerksame und gute Kinder bleiben wollten,

einfältig und fromm im Gefühl, und wenn sie die Fähigkeit

nicht verlieren würden, sich an einem Birkenblatt oder

an der Feder eines Pfauen oder an der Schwinge einer

Nebelkrähe so innig zu freuen wie an einem großen Gebirge

oder einem prächtigen Palast.

Das Kleine ist ebenso wenig klein, als das Große groß ist.

Es geht eine große und ewige Schönheit

durch die ganze Welt, und diese ist gerecht

über den kleinen und großen Dingen verstreut.

Rainer Maria Rilke

142